KB200656

그래서 사랑을 배운다

그래서 사랑을 배운다

지은이 | 이상학
초판 발행 | 2024. 6. 19
등록번호 | 제1988-000080호
등록된 곳 | 서울특별시 용산구 서빙고로65길 38
발행처 | 사단법인 두란노서원
영업부 | 2078-3352 FAX | 080-749-3705
출판부 | 2078-3331

책값은 뒤표지에 있습니다.
ISBN 978-89-531-4852-9 03230

독자의 의견을 기다립니다.
tpress@duranno.com www.duranno.com

두란노서원은 바울 사도가 3차 전도여행 때 에베소에서 성령 받은 제자들을 따로 세워 하나님의 말씀으로 양육하던 장소입니다. 사도행전 19장 8-20절의 정신에 따라 첫째 목회자를 돕는 사역과 평신도를 훈련시키는 사역, 둘째 세계선교(TIM)와 문서선교(단행본·잡지) 사역, 셋째 예수문화 및 경배와 찬양 사역, 그리고 가정·상담 사역 등을 감당하고 있습니다. 1980년 12월 22일에 창립된 두란노서원은 주님 오실 때까지 이 사역들을 계속할 것입니다.

그래서 사랑을 배운다

하나님의 사람이 되는
'행복한 항복'

이상학 지음

두란노

차
례

"하나님은 사랑이십니다." 명백한 이 진리는 그리스도인의 머리와 가슴에 깊이 아로새겨져 있는 말입니다. 하도 많이 들어 무뎌질 법도 한데, '그냥' 우리를 사랑하고 수용하며 품고 기뻐하시는 하나님의 사랑은 마주할 때마다 새롭습니다. 이상학 목사님은 혼란스럽고 거친 세상 속에서도 여전히 우리를 이유 없이 사랑하시는 하나님의 사랑을 전하며 하나님 사랑의 사람 되기를 독려합니다. 하나님은 우리를 사자나 표범으로 탈바꿈해 주지 않으셨습니다. 하나님의 사랑을 받는 우리는 여전히 양입니다. 그러나 하나님의 사랑을 받고 있다면 양이어도 충분합니다. 절대 우리를 추락하게 두지 않으신다는 하나님의 자신감으로 인해 우리는 언제나 넉넉히 세상을 이길 수 있습니다. 이 책을 통해 오늘도 진실로 우리를 사랑하신다는 하나님의 음성을 듣고, 그 사랑을 의지하며 열망하는 시간이 되기를 바랍니다.

김병삼 만나교회 담임목사

필자는 자신의 글을 "나의 경험 - I trul-ly trul-ly love you"로 시작해서 "나의 경험 - I trul-ly trul-ly love you"로 끝낸다. 필자가 이미 언급한 대로 그리스도인이라면 매우 진부한 주제임에 틀림없다. 그러나 '나의 경험'이라는 전제가 이 글을 특별하게 만들어 주고 있다. 그래서 이 글이 누구를 가르치고 설득하려는 설교로 흐르지 않고 개인의 경험을 전해 주기 위한 따뜻한 마음의 글로 읽히며, 동일한 삶의 여정으로 독자를 부드럽게 초대하는 초청장처럼 느껴진다. 중간 곳곳에서도 필자의 경험을 드러내면서 초청의 생동감을 더해 준다. 하나님의 창조 원리가 그러하듯 우리 존재 자체의 태어남이 하나님 사랑의 넘쳐흐름의 결과이고, 그렇게 시작한 인생의 전 과정 역시 변함없는 그 사랑의 손길에 의해 이끌려 사는 것이며, 마침내 변함없는 사랑으로 인생이 완성되어 간다는 사랑의 영적 여정을 진솔하게 제시하고자 하는 영성 서적이라 평가하고 싶다.

《그래서 사랑을 배운다》라는 제목의 뉘앙스대로 어떤 프로그램을 제시하는 듯한 책은 아니다. 필자의 체험을 나누고자 하는 것이고, 또 누구에게나 예외 없이 다가오고, 이끌어 가고, 결국에는 열매 맺도록 하시는 하나님의 사랑에 초대하고자 하는 책이다. 그래서 이 책은 하나님의 사랑을 갈망하는 모든 이에게 적극적으로 권하고 싶다. 특히 '하나님은 사랑'이시라는 교리적 이해를 뛰어넘지 못해 답답해하는 성도 중 필자와 같은 '나의 경험'의 자리에 이르고자 하는 성도들에게 크게 도움이 될 것이다. 그리고 뚜렷한 영적 여정의 경로를 찾지 못한 분들 중 영성 형성을 위한 적합한 영적 여정의 모델을 찾고 있다면 이 책을 권하고 싶다. 단순 명료한 길잡이가 될 것이다. 한 번의 경험이 아니라, 일생의 영적 여정의 길잡이로 삼고자 하는 열망도 체험할 것이다.

'사랑한다', '사랑받는다'는 말이 진부할 정도로 우리 주변을 맴돌고 있는데, 정작 그것을 구체적인 체험으로 끌어오기에는 너무나 낯설다. 하나님의 사랑은 더욱 그러하다. 그러한 성도들에게 이 책은 하나님의 사랑을 현재화하며 실재화하고자 하는 열망을 일으키는 데 요긴한 촉진제가 될 것이다.

유해룡 장로회신학대학교 명예교수

지금 우리는 '어떤 일을 할 것인가?'에 몰입되어 있다. 우리가 무엇이 될 것인가는 중요하지 않아 보인다. 그리고 지금 우리는 어떤 존재인가도 고민하지 않는다. 삶의 과제가 무겁고 나날의 일상이 곤비하기 때문이다. 그런데 이 책은 우리로 인간됨을 고뇌하게 만든다. 우리를 벌거벗겨 하나님의 임재 앞에 세운다. 그리고 우리가 하나님의 사랑받는 사람임을 깨우친다. 그런 의미에서 이 책은 살아 숨 쉬는 인간론 에세이다. 그리스도인은 죄 사함 받고 끝날 인생이 아니라고 말한다. 사랑받고 일어나 사랑을 선포해야 할 사람이라고 말한다. 우리네 실존의 깊은 바닥에서 건져 내시는 그 손을 붙잡고 '하사람'(하나님 사랑의 사람)을 외치는 부흥의 자리로 우리를 인도하는 책이다. 사랑에 목말랐던 모든 이웃에게 강추하고 싶은 책이다.

이동원 지구촌교회 원로목사, 지구촌 목회리더십센터 대표

저자는 이 책에서 우리가 놓쳐서는 안 되는 사랑의 하나님을 체계적으로 풀어 나간다. 그리스도인의 거듭남이 갖는 의미와 세계관, 인생관에 따른 영향력 그리고 사랑받는데 왜 고난이 오는가에 대한 물음까지 저자의 논리적이고 통찰력 있는 성경 해석과 친근감 있는 호소를 통해 독자들에게 하나님의 사랑이 무엇인지 전하고 있다.

어린아이였을 때는 부모의 사랑이 어떠한지 잘 모르지만 부모가 되어서야 그 사랑의 깊이를 알게 되는 것처럼, 저자도 하나님의 자녀를 품은 목회자로서 하늘 아버지의 크신 사랑에 공감하여 그 내용을 전달하고 싶어 한다. 이 책이 진리를 좇는 구도자들에게, 인생의 광야에 홀로 있는 것 같은 이들에게, 성실히 지켜 온 자리에서 고갈되어 간다고 느끼는 이들에게 하나님의 사랑을 경험하게 하는 은혜가 있기를 소망한다.

이찬수 분당우리교회 담임목사

나의 경험 - "I trul-ly trul-ly love you."

이 책은 전혀 새로울 것이 없는 평범한 주제를 다루고 있다. 하나님의 사랑이다. 그럼에도 이 평범하다 못해 고루하게 들릴 수 있는 '하나님 사랑'을 굳이 책으로까지 내게 된 동기를 이야기하고 싶다.

2023년 6월 중순부터 11월 말까지 사역에서 잠시 물러나 안식년을 가졌다. 그리고 이 기간에 리트릿(retreat)을 통해 하나님과 독대하는 시간을 가지면서 나의 인생을 바라보는 시각은 완전히 달라졌다. 이번 안식년을 갖기 직전까지 나는 내 인생을 축복이라고 생각해 본 적이 단 한 번도 없었다. 삶을 축복으로 보아야 하는 목사가 이렇게 생각하는 것이 의외라 여길지도 모르지만, 그것이 내 내면의 진실이었다. 축복이나 행복을 추구하며 살지 않았기에 내 인생을 축복된 삶이라고는 절대로 생각해 보지 않았던 것이다. 교인들 중에 가끔 "우리

목사님이 행복한 목회를 하게 해 주세요"라고 기도해 주는 분들이 있지만, 나는 그 기도가 내 인생에서 실현될 것이라고는 생각해 본 적이 없다. 목사는 어차피 사명으로 사는 사람이니까, 이 땅에서는 주님 따라 내 몫의 십자가를 기쁨으로 열심히 지고 살다가 행복이나 축복은 저 천국에 가서 받는 것으로 여긴 것이다.

그런데 이번 안식년 동안에 내 인생을 보는 관점이 완전히 바뀌는 일이 생겼다. 이번에 총 세 번의 리트릿을 가졌는데, 첫 번째 리트릿에서 있었던 일이다. 캐나다 토론토 외곽에 있는 전원을 낀 리트릿 센터를 방문했다. 한국에서는 기도원을 가면 자꾸 이런저런 사람을 만나기도 하거니와, 그곳의 자연이 워낙 아름다워서 비싼 돈을 들여 욕심을 낸 것이다. 거기서 내 기도를 도와주고 영적 대화를 함께 나눌 수 있는 사람을 만났다. 일종의 영적 교제(spiritual friendship)였다. 둘이 숲을 걸으면서 대화를 나누었는데, 두 시간가량 나의 살아온 이야기를 들려주게 되었다. 그런데 다 듣고는 그가 말했다.

"상학! 네 삶은 축복받았어(Your life is blessed)."

나는 너무나 어이가 없었다. 그리 생각도 안 해 봤거니와, 실제 내 인생은 축복과는 거리가 멀다고 평가하고 있었기 때문이다. 가난한 가정에서 태어나 힘들게 자랐고, 겨우 대학에 들어가서는 군사 독재라는 80년대의 험한 시대를 만나 학생 운동에 몸담았다가 20대 중반에 그야말로 드라마처럼 예수님을 만나 회심을 했다. 그리고 20대 후반에 신학의 길에 들어와서 지금까지 만만치 않은 목회 여정을 걸었다고 생각했다. 미국에 공부하러 갔다가 몸과 정신이 부서지는 아픔을 겪기도 하고, 그래서 개척한 교회를 눈물을 머금으면서 내려놓기도 했다. 이 때문에 지역에서 욕도 많이 먹었다. 실패자였다. 그 뒤 논문을 마치고 10년 만에 귀국하여 지금 섬기는 목회지에 와서는 심장과 폐 사이의 빈 공간에 물혹이 보인다 하여 간단한 시술을 하러 들어갔다가 의료 사고로 심장 근처의 혈관이 터져 버렸다. 7분 이상 머리에 피가 공급되지 않고 거의 죽음 직전까지 갔다가 기적적으로 살아났다. 그게 다가 아니다. 지난 6년간 특정 교회 세습에 반대한 후로 외부의 온갖 음해와 공격에 시달리며 여기까지 왔다. 그때까지도 이 공격은 진행형이었다. 그런데 축복받은 인생이라니, 어찌 공감할 수 있겠는가?

하지만 반박하지 않았다. 리트릿 센터에서 지나온 인생을 한번 반추해 보기로 마음먹었기 때문이다. 하루 종일 자연 속을 거닐면서 필름을 거꾸로 돌리듯이 60년 인생을 돌아보는 시간을 가졌다. 60년의 기억을 최대한 끄집어내며 한 토막, 한 토막 반추해 보는 식이었다. 그리고 그 모든 성찰 끝에 놀라운 결론에 이르게 되었다.

'그렇다! 나는 정말 축복받은 인생이다!'

반전이었다. 이유가 명료했다. 인생에서 나는 크게 대여섯 차례의 큰 위기가 있었다. 그 위기는 얼마든지 지금과 다른 방향으로 내 인생이 전개될 수 있는 전환점이었다. 예를 들어, 미국에서 박사 과정을 공부하면서 교회 개척 등 과도한 사역을 동시에 진행하다가 몸과 정신이 완전히 부서졌다. 병원에서는 '만성피로증후군'(Chronic Fatigue Syndrome)이라고 진단했다. 그래서 그냥 쉬면 되는 것이냐 물었더니 그 정도가 아니라, 지금 몸이 대단히 심각한 상태이고, 정신적으로도 문제가 생기기 시작했다고 했다. 결국 이로 인해 1년간 휴학을 하고, 교회 개척 등 진행하던 모든 사역을 눈물을 머금고 내려놓게 되었다. 엄청나게 자존심이 상하고, 교우들한테도 미안했지만 어쩔 수 없었다. 그리고 1년간 육체의 회복 기간을 가지면서 영성 지도(spiritual direction)를 통해 한 번도 가 보지 않은 내면의 숲을 헤쳐 들어가게 되었다. 그런데 거기서 하나님을 완전히 새롭게 만날 수 있는 축복을 갖게 되었다. 그야말로 목회자이기 이전에 한 그리스도인으로서 하나님과 교제하고 대화하는 기쁨을 누리게 된 것이다. 목사로서 거듭난 순간이었다. 그리고 나의 신학과 설교가 달라졌다.

나중에 알게 된 사실이지만, 모든 사람이 이런 육체적, 정신적 소진에서 나와 같이 하나님을 완전히 새롭게 만나는 축복을 얻는 것은 아니었다. 많은 사람이 인생의 궤도에서 벗어나 원치 않게 광야로 들어가지만, 실제로 그 광야에서 돌아오는 사람은 그리 많지 않다. 그것도 이전보다 더욱 하나님을 신뢰하고 추구하고자 하는 열망을 갖고 돌아오는 이는 또다시 많지 않다. 나는 그중의 한 사람이었던 것이다. 그것은 순전히 은혜요, 축복이었다. 이 두 단어밖에는 이 현상을 설명할 길이 없다. 그게 다가 아니다. 지난 6년간 새문안교회를 섬기며 겪었던 역경도 마찬가지였다. 하나님은 수차례에 걸쳐 나를 기가 막힐 웅덩이에서 건져 내셨다. 그리고 이 과정에서 하나님을 거듭 신뢰하게 되었다.

이렇게 하나씩 반추해 보니 내 인생은 정말 축복의 연속이었다. 내 인생은 고난의 연속이었다는 선입견이 이 은혜의 현실을 보지 못하게 장막을 치고 있었던 것이다. 그렇지 않은

가? 생의 위기에서 우리는 얼마든지 이전보다 더 추락하는 방향으로 인생이 전개될 수도 있다. 그런데 나의 경우는 한 번도 그렇게 전개된 적이 없다. 그 위기의 끝에서 항상 하나님은 일하셨고, 하나님은 둔감한 나를 이전보다 더욱 당신을 사랑하는 방향으로 이끌어 가셨다. 이 자체가 축복이었다. 이것을 이 리트릿에서 알아차리게 된 것이다. 그것은 인식론의 대전환이요, 인생의 대반전이었다. 한 사람의 인생이 '하나님의 사랑'이라는 각도에서 전혀 새롭게 해석되었기 때문이다. 같은 인생이 전혀 다르게 다가온 것이다.

그리고 두어 달 후, 안식년을 마치기 직전에 이번에는 미국 캘리포니아에 있는 한 도시에서 두 번째 리트릿을 갖게 되었다. 그곳에서 더욱 놀라운 축복을 경험했다. 나는 보통 1년에 세 번은 기도원에 올라간다. 연말에 내년을 준비하기 위해서, 부활절 이후에 중반 목회를 점검하기 위해서, 그리고 8월 하순에 가을 목회를 준비하기 위해서다. 그리고 기도원에 갈 때는 마음의 준비를 단단히 하고 간다. 소나무 뿌리 하나는 뽑고 내려오리라 하는 심정으로 기도원에 들어간다. 그런데 이 두 번째 리트릿 때는 전혀 마음이 달랐다. 다부진 마음도 없었고 기도 응답을 받고 내려와야 한다는 절박한 마음도 없었다. 20

일짜리 리트릿의 첫 주를 그냥 그렇게 설렁설렁 보냈다. 그러다 보니 초조한 마음이 들었다. 이제 돌아가면 목회 복귀인데 이렇게 리트릿이 진행되어서는 안 될 것 같았다. 주님께 무슨 응답을 받은 것도 아니고, 뭘 어떻게 하라는 말씀을 들은 것도 아니고, 참으로 답답하고 또 난감했다. 문제는 내 안에서 절박하게 부르짖고 싶다는 마음이 들지를 않는다는 사실이었다. 희한한 경험이었다. 한 주를 그렇게 보내고 두 번째 주에 접어들었는데 한 가지 생각이 탁 떠올랐다.

'사복음서를 읽자!'

그냥 이렇게 보내지 말고 복음서 네 권을 남은 기간 동안에 읽고 묵상하면서 예수님과 더 가까이 있다가 내려가자는 생각이 든 것이다. 첫날 말씀을 읽는데 왠지 마음이 차분해졌다. 영성에서는 이것을 'grounded'라고 한다. 마음이 대지(ground)에 딱 붙는 것처럼 안정되고 비워지는 것이다. 악착같이 무슨 응답을 받아야겠다는 마음이 아니라, 그냥 평안한 가운데 주님께 마음이 비워졌다. 그리고 오솔길을 걸으면서 기도하기 시작했다. 캐나다나 미국의 리트릿 센터가 좋은 점은 자연경관이 참으로 아름답고, 또한 걸으며 기도할 수 있도록 영적인 흐름을 탈 수 있는 올레길(trail) 코스가 아주 잘 만들어져 있다.

게다가 이 캘리포니아 오솔길의 또 다른 매력은, 분위기가 꼭 이스라엘 같다. 이스라엘이 위치한 중동 지역은 사막 기후인데 캘리포니아 역시 그렇다. 거기에 우거진 숲과 오솔길이 있으니 느낌이 꼭 금방이라도 예수님이 저쪽에서 제자들하고 오실 것 같은 아주 신비한 풍광이 펼쳐진다. 그날은 그 길을 걸으면서 기도하기 시작했는데 마음이 차분해졌다.

2023년 10월 9일이었다. 나는 이렇게 기도했다. 미국에 가면 잘 못하는데도 영어로 한 번씩 기도가 나온다.

"Whatever You say, I am ready to listen to You"(무엇이든 말씀하옵소서, 저는 들을 준비가 되어 있나이다).

이 리트릿에 와서 처음으로 마음이 차분해지면서 영혼 깊은 곳에서 이 기도가 나온 것이다. 그리고 한 15분 정도 걸었을까? 걸으면서 기도하는데 어디서 소리가 들렸다.

"I love you."

걸음을 멈춰 섰다. 어디서 들리는 소리인지 사방을 둘러보는데, 산속 한복판에서 무슨 소리가 들리겠는가? 멈춰 서서 귀를 기울였는데 다시 소리가 들렸다.

"I love you so much."

밖에서 들리는 소리가 아니었다. 내 안에서 들리는 음성이었다. 그리고 그 음성은 내가 익히 아는 것이었다. 인생의 중요한 순간마다 들렸던, 지금까지 나를 이끌어 온 바로 그 음성이었다. 나는 그 음성을 신뢰했다. 나의 신뢰가 헛된 적은 없었다. 때로는 그 음성에 응답하면서 십자가를 지기도 하고 넓은 길이 아니라 좁은 길로 가기도 했지만, 결국 지나고 보면 인도하심이었다. 바로 그 음성이었던 것이다. 그 음성이 두 번째로 내 안에서 영혼을 때린 것이다.

"I love you. I love you so much."

그 음성을 듣는 순간, 내 가슴은 격동하고 안에서 소용돌이가 일어나기 시작했다. 그리고 연이어서 세 번째 음성이 들려왔다.

"I trul-ly, trul-ly love you"(내가 너를 진심으로, 진심으로 사랑한다).

영어 표준어로는 물론 'truly'다. 하지만 내가 들은 그 음성은 너무나 강한 파토스가 실린 악센트, 'trul-ly'였다. 그러고는 내 안에서 회오리바람이 일더니 마음속에 폭풍이 일어나기 시작했다. 심장부터 시작해서 오장육부까지 뜨거운 격정이 영혼 전체를 휘몰아치는데, 그 순간 내 앞에 필름처럼 사진 한 장이 딱 찍혔다. 환상, 즉 비전(vision)이었다. 십자가에 달리신 예수 그리스도의 모습이 내 앞에 딱 찍혔다. 그리고 그 사진은 내게 명료하게 말했다.

"내가 너를 이렇게 사랑한다."

무슨 이야기일까?

"내가 너를 하나밖에 없는 내 아들을 주기까지 사랑한다."

십자가의 사랑이 머리가 아니라 영혼 전체로 적셔져 왔다. 얼마나 감격스럽고 황송하고 감사한지, 어린아이처럼 깡충깡충 뛰다가 엉엉 울다가 온 산이 떠나갈 정도로 웃기를 반복했다. 옆에 누가 있었으면 제정신이 아니라 미쳤다고 이야기할 상황이었다. 예수님을 만나고 처음 그런 비슷한 감정을 느낀 적이 있는데, 그때보다 한 열 배는 더 강한 것 같았다.

저녁에 한국에 있는 아내와 통화하며 이 이야기를 했더니, "하나님이 당신이 지난 6년 동안 고생한 것을 아시네요. '종아, 수고했다' 하고 위로해 주시는 거네요"라고 이야기를 했다. 하지만 이것은 그런 음성이 아니었다. 지난 6년간 잘 견뎌 주어서 고맙다고 위로해 주시는 음성이 아니었다. 그런 조건부 사랑 고백이 아니라, 창조주 하나님께서 피조물에 불과한 나를 아무 조건 없이 사랑하신다는 고백이었다. 그 사실이 더욱 나를 미친 듯이 기쁘게 했다. 지난 6년 동안 잘 견뎌 준 것이 고마워서 "I love you"라고 말씀하셨다면, 뒤집어서 생각해 보면 앞으로 남은 11년 동안 잘하지 않으면 주님이 그 고백을 거둬 가실 수도 있다는 것인데, 주님의 나를 향한 사랑은 그런 것이 아니었다. 십자가의 사랑이었다. 어떤 조건이나 이유도 없이 '그냥', 하나님이 나를 택하셨기 때문에 '그냥' 진심으로 사랑한다는 십자가의 사랑을 정말 영으로 경험하게 된 것이다. 감격하고 또 감격했다. 그리고 그때 명료하게 알았다.

'내가 들은 이 음성은 내게만 주시는 것이 아니다. 하나님이 사랑하여 당신의 백성으로 삼아 주신 모든 사람에게 주님이 이 고백을 하신 것이다.'

"사랑하는 내 자녀들아, 내가 너희를 진심으로, 진심으로 사랑한다"(I trul-ly trul-ly love you).

나는 주님이 이 말씀을 전하기 원하신다는 것을 알았다.

"종아! 내 백성이 힘들다. 그들은 이 거친 세상에서 지쳤어. 내가 그들을 사랑한다는 것을 네가 좀 전해 줘."

이 경험이 이 책을 쓰게 된 이유다. 이 영적 경험에서 나온 은혜를 섬기는 교회에서 두 주간 설교로 풀어내고, 그것을 다시 꼼꼼히 정리해서 에세이로 내게 되었다.

이야기를 시작하기 전에 감사를 표현하고픈 분들이 있다. 설교문을 녹취하여 꼼꼼히 정리해 준 이호준 형제와 교열에 참여해 준 몇몇 형제자매에게 감사의 마음을 전하고 싶다. 아울러 부족한 글을 기꺼이 책으로 낼 수 있도록 도와준 두란노 서원에 감사드린다. 그러면 이제 그 하나님 사랑의 이야기를 시작하기로 하자.

"하나님이 우리를 사랑하시는 사랑을 우리가 알고 믿었노니 하나님은 사랑이시라 사랑 안에 거하는 자는 하나님 안에 거하고 하나님도 그의 안에 거하시느니라"(요일 4:16).

1. "하나님은 사랑이시라!"
: 그 진부하고도 새로운 진리

✦ 하나님을 보는 관점의 중요성

기독교의 하나님은 어떤 분이신가? 신앙생활을 하는 데 자신이 믿고 따르는 하나님을 어떤 분으로 알고 고백하느냐는 매우 중요하다. 하나님을 어떤 분으로 믿고 있느냐에 따라 궁극적으로 그의 신앙관뿐 아니라 인생관과 우주관, 세계관이 달라지기 때문이다.

　기독교의 하나님은 창조주이시다. 창조주이신 하나님을 어떤 이미지와 성향을 가진 분으로 믿고 있느냐에 따라서 하나님이 창조하신 세상을 보는 관점이 다르게 채색된다. 또 하나님을 어떤 분으로 믿고 있느냐에 따라서 자기 자신과 다른 사람을 보는 안목이 달라진다. 하나님 앞에 단독자로 서 있는 우리 자신이 어떤 존재인지에 대한 정의가 달라지며, 하나님이 바라보시는 타자를 응시하는 안목도 달라지기 때문이다. 예를 들어, 하나님이 심판자이시면 우리는 그분 앞에 서 있는 죄인이 된다. 하나님을 아버지라고 진정으로 고백하고 있으면, 우리는 그분 앞에 사랑받는 자녀로 서 있다는 것을 확신하게 된다. 하나님을 진리와 공의의 하나님으로 믿는다면, 인간은 그 앞에서 의(義)의 길을 걸어가는 진리의 사람이어야 한다. 이렇게 기독교적 인간관은 기독교적 신관(神觀)에 의해 정해지는 것이다. 그래서 20세기가 낳은 위대한 신학자 칼 바르트(Karl Barth)는 말했다.

"네가 믿고 있는 하나님을 내게 말해 보아라. 내가 네 신앙을 말해 주겠다."

그만큼 하나님을 어떤 이미지와 색으로 알고, 믿고, 따르고 있느냐가 우리의 신앙의 관점과 방향 설정에 결정적이라는 뜻이다.

요한일서 4장 16절은 그리스도인이 믿는 하나님이 어떤 분인지를 명료하게 드러내고 있다. 그런데 많은 그리스도인은 이 구절을 다분히 피상적, 기계적, 관성적으로 수용한다. "하나님은 사랑이시라"라고 말하면 '그렇지. 하나님이 사랑이시지, 다른 분인가?'라고 생각한다. 그렇지 않다. 사실 "하나님은 사랑이시라"라는 말씀은 쉬운 내용이 아니다. 온전히 깨우치기에 만만치 않은 말씀이다. 앞에서 언급했듯이, 이 하나님의 정의 안에는 매우 복합적이고 심오한 세계관, 우주관, 인생관이 함축되어 있기 때문이다.

만일 "하나님은 사랑이시라"라는 진리에 담긴 의미를 온전히 알고 믿음 생활을 한다면, 우리 안에는 놀라운 변화가 일어난다. 세상과 인생을 바라보는 관점 자체가 근본적으로 변하기 때문이다. 하나님의 속성이 사랑이라는 것과 우리가 믿는 그분이 정말 '사랑 자체'이시라고 믿는다면, 앞에서 말했듯, 우리가 가진 인생관, 세계관, 인간관, 역사관, 자기 인식 등 모든 것이 '하나님은 사랑이시다'라는 관점에서 보이기 시작한다. 사랑의 세계관이다. 즉, 역사의 주관자 되시는 하나님이 사랑 자체시라면 그분이 다스리시는 이 세상에서 하나님의 사랑은 계속 불타오르고 있으며, 이 세상은 비록 여전히 죄가 역사할지라도 하나님의 사랑으로 충만하다고 믿고 살게 된다. 예수 그리스도의 성육신 사건 자체가 이미 사랑의 세계관을 투영하고 있다. 요한복음 3장 16절은 "하나님이 세상을 이처럼 사랑하사 독생자를 주셨으니"라고 말씀한다. 사랑의 세계관은 암울하고 비관적인 세계관을 부정한다. 세상이 타락하고 오염되었으니 하나님이 그런 세상을 배척하거나 정죄

하거나 거부하시는 것이 아니라, 그 죄악에도 불구하고 여전히 사랑하신다는 뜻이다. 그 사랑이 여전히 세계와 역사를 관통하며 만물을 살아 움직이게 한다. 그분은 "만민에게 생명과 호흡과 만물을 친히 주시는 이"(행 17:25)시다. 사랑의 세계관은 생명의 세계관이다.

그런데 현대의 그리스도인들은 과연 이 사랑의 세계관으로 살고 있는가? 우리는 솔직히 '사랑의 하나님'의 사랑과 정의가 세상을 다스린다고 생각하지 않는다. 많은 그리스도인이 세상을 여전히 총성 없는 전쟁터로 생각한다. 약육강식의 정글에서 각자도생해야 하는 살벌한 먹이사슬 세계로 인식하며 살아간다. 소위 '전투적 세계관'으로 사는 것이다. 하나님에 대한 고백과 그 하나님이 다스리신다고 믿는 세계 사이에 심각한 부조화가 발생한 것이다. 기독교적 신관과 세계관 사이에 불일치가 발생한 것이다. 이는 신앙생활에 많은 폐해를 가져온다. 인생을 사는 우리 안에는 생존을 위한 염려와 두려움이 떠나지 않는다. 먹이사슬 피라미드의 최정점에 서기 위해, 또 그 최정점에서 내려오지 않기 위해 늘 긴장하고, 다른 이와 비교하며 열등감에 빠지거나 우월감에 젖기도 한다. 그런 긴장이 사라진 순간에는 홀로 있을 때 가슴에 솔바람이 불 정도로 허탈함과 허무함이 느껴져 몸서리치기도 한다. 때로는 한

치 앞을 내다볼 수 없는 불확실해 보이는 인생이 막막해서 힘겨워 하기도 한다.

이 실존의 현실은 무엇을 의미하는가? 둘 중의 하나다. 첫째는, 인정하기는 싫지만 '하나님은 사랑이시다'라는 생명의 말씀을 아직 진정한 진리로 알아 깨닫지 못하고 피상적으로만 수용하고 있는 것이고, 둘째는, 이를 깨달아 알지만 그에 걸맞은 세상을 보는 안목, 즉 세계관이 회개하지 않은 것이다. 이는 둘 다 하나님의 사랑이 육화(肉化)되어 경험되지 않고 있기에 오는 현상이다. 사실 세계관은 하나님 사랑을 경험하여 아는 데서 변화가 일어나기에, 결정적인 문제는 하나님의 사랑을 피상적으로 아는 것에 있다고 보아야 한다.

✦ **하나님의 사랑을 피상적으로 받아들이는 이유**

이처럼 많은 그리스도인이 "하나님은 사랑이시라"라는 말씀을 피상적, 기계적으로 받아들인다. 크게 세 가지 이유가 있다. 첫째, 한국 그리스도인에게 내재된 섣부른 도덕주의적 접근 경향 때문이다. 오랫동안 유교와 불교의 영향권에 있던 한국 사람들의 심성에는 깊은 도덕주의적 경향성이 있다. 그래서 기독교 신앙도 도덕주의적으로 접근한다. 신앙을 조급하게 계명화하고 규범화한다는 뜻이다. 유대주의의 율법주의(legalism)와 그 성향이 유사하다 할 것이다. 그래서 "하나님은 사랑이시라"라고 말하면 그 하나님 이해가 갖는 함의를 머금고 하나님 앞에서 성찰하기보다는, 하나님 사랑을 어떤 정언 명령을 내리기 위한 전제로 활용하거나, 서둘러 거기서 도덕적 함의를 끌어내려고 한다. '하나님은 사랑이시다. 그러므로 너희도 서로 사랑하고 살아라'라는 식이다. 그러다 보니 하나님의 사랑에 대해 듣는 것이 행복하기보다는 연이어 찾아올 사랑을 담보로 한 명령을 예상하면서 오히려 부담스럽게 느끼거나 심지어 저항감을 갖기도 한다. 이러니 이 계시적 진리 안에 얼마나 놀라운 복음이 숨어 있는지를 간과하게 되는 경우가 매우 많다.

둘째, '사랑'이라는 언어 자체가 논리나 사유의 언어가 아니라 경험과 체득의 언어이기 때문이다. 요한일서 4장 16절 말씀을 다시 보자.

"하나님이 우리를 사랑하시는 사랑을 우리가 알고 믿었노니."

'알다'와 '믿다'가 나란히 나오는 경우는 신약성경에서 대단히 드문 일이다. 사도 요한이 볼 때 다른 것은 몰라도 하나님의 사랑은 그것을 먼저 '알고' 그 뒤에 하나님을 '믿어야' 한다는 뜻이다. 여기서 '알다'는 체험적 언어다. 머리로 아는 것이 아니다. 헬라어로 '기노스코'(γινώσκω), 히브리어로 '야다'(יָדַע)라 한다. "나는 그를 잘 알아"라고 할 때 '야다', '기노스코'를 쓰면 이는 머리로 아는 것이 아니라 경험으로, 즉 살과 살을 맞대어 아는 것이다. 체험해서 아는 것이다. 두말할 것 없이 '야다', '기노스코'에 가장 잘 부합되는 이미지는 부부 간의 관계다. '하나님을 안다', '하나님의 사랑을 안다'는 것은 체험해서 안다는 의미다. 그 뒤에 이 체험적 사랑에서 싹튼 참 믿음이 찾아온다.

이 사랑의 앎(야다/기노스코)은 성령이 각 심령 속에서 역사하실 때 가능해진다. 인간의 사랑이 아니라 하나님의 사랑이기에, 이 사랑의 경험은 하나님의 영인 성령으로만 가능하다. 이 사랑의 경험이 없고, 하나님의 사랑 때문에 전율할 정도로 감격하거나 감동해 본 적도 없으며, 그런 사랑을 갈구해 본 적도 없기에 우리는 믿는다고 하지만 온갖 두려움과 허탈함에 때로는 몸서리를 치기도 하고, 앞이 보이지 않는 것처럼 인생이 막막하기도 하다. 뒤집어서 말하면, 만약 하나님의 사랑을 진정으로 '야다', '기노스코'해서 깨닫게 되면, 이제부터 인생 전반에 대반전이 일어나기 시작한다.

"하나님은 사랑이시라"라는 말씀이 가슴에 쉽게 와 닿지 않고 피상적으로 겉도는 세 번째 이유는, 성경에 나오는 하나님의 속성이 생각보다 단순하지 않기 때문이다. 성경에서 하나님의 속성은 심판과 사랑, 저주와 긍휼이 교차된다. 일례로, 그분은 온 우주를 사랑으로 창조하셨다. 그런데 사랑으로 창조하신 하나님이 인간이 악해지니 홍수를 보내어 세상을 멸하신다. 또 그렇게 심판하는 중에 당신이 창조한 짐승을 암수 한 쌍씩 구별해서 노아의 방주에 들여보내신다. 또 이스라엘을 너무나 사랑해서 애굽에서 구해 내는 하나님이신데, 바로나 애굽 백성 또한 분명 당신의 피조물임에도 열 가지 재앙을 보내어 그들을 징벌하신다. 이렇게 하나님의 속성이 사랑, 심판, 긍휼, 다시 사랑, 징벌로 교체된다.

사울왕이 아말렉과 전투하러 나가는데, 하나님께서 "너는 그 땅에 가서 남녀노소는 말할 것도 없고 양과 소의 새끼까지 살아 호흡하는 것들을 다 멸하라"고 명령하신다(삼상 15:2-3). 반면에 하나님이 이스라엘의 원수 나라의 수도인 니느웨를 구원하시는 것을 보고 요나가 불만을 품자 하나님은 이렇게 말씀하신다.

"이 큰 성읍 니느웨에는 좌우를 분변하지 못하는 자가 십이만

여 명이요 가축도 많이 있나니 내가 어찌 아끼지 아니하겠느냐"(욘4:11).

성경 곳곳에는 이렇게 하나님의 속성이 상호 모순되고 충돌하는 것 같은 대목이 계속 나온다. 무슨 의미인가 하면, 하나님의 속성이 명료하다면 그분을 믿는 신자도 명쾌한 가치관과 인생관과 세계관을 가지고 살아갈 텐데, 성경에 나타난 하나님의 속성이 다양하기에 명료한 생의 관점을 갖기가 쉽지 않다는 것이다.

✦ 사랑의 하나님의 상(像)이 정립되기까지

하나님의 상(像)에 대한 혼란 속에서 이스라엘은 주전 605-537년까지 약 70년의 바벨론 포로기를 경험한다. 이때 이스라엘은 하나님에 대해 뼈저린 체험을 하게 된다.

'하나님은 무섭고 두려운 분이다. 그분은 율법과 계명을 어기는 자라면 당신의 백성일지라도 이방 땅에 포로로 내주실 수 있는 분이다!'

하나님을 만홀히 여겼다가 민족 전체가 혹독한 시련을 겪은 것이다. 그 후 이스라엘은 완전히 달라진다. 에스라와 느헤미야의 개혁으로 율법과 계명을 철저히 지키게 되고, 하나님을 경외하는 차원을 넘어서 두려워하게 된다. 토라에서 '야훼'라는 하나님의 이름이 나오면 감히 부를 수 없어 옷깃을 여미고 다음 문장으로 넘어갈 정도였다고 한다. 하나님의 속성에 대한 이미지가 더 이상 사랑이 아닌, 공의와 심판으로 경직화된 것이다. 공의와 심판 속에 숨은 하나님의 '심오한 사랑'(profound love)을 깨닫지 못했던 것이다.

예수님 당시의 바리새인과 제사장과 서기관들이 하나님을 바로 이렇게 이해했다. 그런데 예수님이 소개하신 하나님은 전혀 달랐다. 바로 사랑의 하나님이었다.

"너희는 이렇게 기도해라. '하늘에 계신 우리 아버지여.' 그분은 너희 아버지이시다."

듣는 사람이 얼마나 깜짝 놀랐겠는가? 하나님을 아버지라 불렀으니 말이다. 그분이 소개한 하나님은 긍휼과 자비의 하나님이었던 것이다. 예수님은 "하나님은 음지와 양지에 비를 뿌려 주시는 분이다"라고 소개한 후 죄인과 소외된 사람을 품에 안아 주셨다. "안식일에 내 아버지께서 일하시니 나도 일한다"라고 말씀하신 후에는 안식일에 질병을 고쳐 주셨다.

이렇게 해서 예수님의 하나님 이해와 당시 종교 지도자들의 하나님 이해가 충돌하는 것은 피할 수 없었다. 예수님과 당시 종교 지도자들의 충돌은 도덕적 충돌이 아니라 본질적으로는 신학적 충돌이요, 그중에서도 가장 뇌관이라 할 수 있는 하나님 이해의 충돌이었다. 본질적으로 예수님과 당시 종교 지도자들의 하나님을 바라보는 상이 너무 달랐던 것이다. 그렇기에 당시 종교 지도자들은 하나님을 망령되게 일컫고 하나님의 사랑만을 강조하는 예수님을 도저히 수용할 수 없었다. 이는 하나님을 만홀히 여기는 것이기 때문이다.

이 예수님이 어느 날 말씀하셨다.

> "인자가 온 것은 섬김을 받으려 함이 아니라 도리어 섬기려 하고 자기 목숨을 많은 사람의 대속물로 주려 함이니라"
> (마 20:28).

그러고는 하나님의 아들이라는 당신이 십자가에 매달려 죽으셨다. 신앙적으로는 하나님이 죽으신 것이다. 성자 하나님이 우리를 구원하고 온 인류를 구속하며 피조 세계를 회복시키기 위해 십자가에서 살이 찢기고 피를 흘리며 죽으신 것이다. 하나님의 죽음, 이것이 기독교가 믿고 있는 하나님이다. 그리고 예수님이 부활하셨을 때 제자들이 이 사실을 비로소 명료하게 알게 된 것이다.

'하나님이 죽으신 것이었구나. 우리를 너무나 사랑해서 육신을 입고 이 땅에 내려와 우리 죄를 대속하고 우리 인생을 구해 내려 십자가에 달려 죽으신 것이었구나!'

이때 비로소 제자들은 기존의 주류 하나님 상에서 벗어나 하나님이 자신들을 얼마나 사랑하시는지를 예수님의 십자가 죽음을 통해 알게 되었고, 부활을 통해 그 죽음의 참뜻을 체득하게 되었다. 그래서 "하나님이 세상을 이처럼 사랑하사 독생자를 주셨으니 이는 그를 믿는 자마다 멸망하지 않고 영생을 얻게 하려 하심이라"(요 3:16)라는 말씀이 살아 있는 생명의 복음으로 수용된 것이다. 그러므로 부활하신 예수님을 만난 사건은 기존의 하나님 상의 변혁을 뜻한다. 하나님을 진정 '나를 사랑하시는 하나님'으로 만나게 된 것이다. 그리고 이때 이들이 인생에 대해 가진 모든 의문이 풀렸다. 예수님의 죽음과 함께 산산이 흩어져 버렸던 자신들의 인생의 조각들이 씨줄과 날줄로 연결되면서 다시 살아나기 시작했다. 하나님이 실제로 생에 생명과 호흡을 주시는 분으로 이해된 것이다. 그러면서 가슴에 일고 있던 솔바람이 그치고, 어느새 생에 대한 두려움과 불안함이 사라져 버리게 된다. 그래서 한때 부정하고 도망갔던 예수를 담대하게 증언하기 위해 예루살렘성 한복판에 서게 된다.

"누가 우리를 그리스도의 사랑에서 끊으리요 환난이나 곤고나 박해나 기근이나 적신이나 위험이나 칼이랴"(롬 8:35).

"그러나 이 모든 일에 우리를 사랑하시는 이로 말미암아 우리가 넉넉히 이기느니라"(롬 8:37).

이 말씀은 사도들에게 살아 있는 사랑의 인생관이요, 사랑의 세계관이다. 사랑의 관건이 무엇인가? 본성상 이기적이고 자기중심적인 인간이 누군가를 진정으로 사랑할 수 있는 관건이 무엇인가? 하나님의 사랑을 몸과 영으로 체득하고, 그 뒤에 그분을 믿는 것이다. '기노스코'하여 믿는 것이다. 초대교회는 정확히 이 궤적을 통해 세상을 놀라게 한 사랑을 결국 실천하게 되었다.

이렇게 해서 십자가와 부활을 통해 하나님의 속성이 완전히 정리되었다. 구약 시대부터 지속된 오랜 논쟁이 여기서 종식된 것이다. 결론이 무엇일까?

'하나님은 사랑이시다! 하나님은 우리를 사랑하시는 분이다. 세상의 누가 우리를 어떻게 판단하고 정죄하든, 우리는 하나님께 사랑받고 있는 자다.'

2천 년이 지난 오늘날에는 너무나 당연히 여기는 진리인데,

이 한 문장이 우리에게 계시적 진리로 오기까지 수천 년이 걸렸다. 이 한 말씀이 신구약에 나오는 모든 하나님의 속성을 푸는 해석학의 열쇠라 할 수 있다.

다시 하나님의 속성으로 돌아가 보자. 성경에는 하나님의 속성이 많이 나온다. 진노, 심판, 질투, 공의, 자비, 긍휼, 인애, 사랑 등. 그래서 신앙이 좀 더 근본주의적인 성향으로 갈수록 진노나 심판을 강조하고, 자유주의적으로 갈수록 자비와 긍휼을 강조한다. 그런데 사도 요한이 말하는 "하나님은 사랑이시라"라는 계시적 진리는 자유주의가 말하는 사랑과 다른 차원에 있다. 개신교 성서신학에서 성경 66권의 진술이 서로 충돌하는 것 같을 때가 있다. 이때 이를 정리하는 중요한 원칙을 종교 개혁자 루터(Martin Luther)가 가르쳐 주었다. 'Canon in Canon', 즉 '정경 안의 정경'의 원리다. 66권의 정경 중에서 다른 정경을 해석하거나 해석의 방향을 지시해 주는 정경이 있다는 것이다. 성경 66권이 똑같은 권위를 가진 것이 아니라, 66권 안에 더욱 계시성이 높은 책이 있다는 뜻이다. 첫째, 신약과 구약이 서로 충돌하는 것 같다면 신약이 우선이다. 예수 그리스도가 암시적으로가 아니라 명시적으로 드러나기 때문이다. 그래서 신약을 통해 구약을 해석한다. 둘째, 신약에서 성경과 성경이 충돌하는 것 같다면 사도 바울의 서신이 최우선이다. 바울의 서신 안에 '믿음으로 의롭다 함을 얻는 진리'가 집대성되어 있기 때문이다. 그중에서도 로마서, 갈라디아서, 에베소서가 정경 중의 정경이다. 이 책들에 예수 그리스도를 통해 드러나는 하나님의 모습이 온전히 그려져 있다고 보기 때문이다.

만약 누군가 "이게 하나님의 모습이야"라고 소개하는데 그 상이 성경에 그려진 예수님의 모습과 다르다면, 우리는 그 하나님 상을 분별해 보아야 한다. 그리스도인을 혼미하게 하는 악한 영의 역사일 가능성이 높다. 일례로, 하나님에 대한 두려움과 공포를 불어넣어 교회의 뜻을 따르게 하거나 권위자에게 순종하게 하는 경우가 있다. 단언하건대, 이는 하나님의 뜻이 아니다. 또한 특정인이나 특정 집단에 대한 분노, 증오, 적개심, 혹은 두려움을 심어 넣어 일종의 집단적 종교 각성을 가져오려고 하는 경우가 있는데, 이 또한 절대로 하나님의 뜻이 아니다. 하나님의 사랑으로부터 거리가 멀다. 세상이 곧 끝날 것이라는 세기말적 사고를 집어넣어 신앙을 흔들어 깨우려 하는 것 또한 하나님 뜻이 아니다.

"하나님이 우리에게 주신 것은 두려워하는 마음이 아니요 오직 능력과 사랑과 절제하는 마음이니"(딤후 1:7).

요한일서 4장 16절은 계속 말씀한다.

"하나님은 사랑이시라 사랑 안에 거하는 자는 하나님 안에 거
하고 하나님도 그의 안에 거하시느니라."

여기서 '거하다'라는 말은 또다시 요한이 독특하게 쓰는 어
법이다. 원뜻은 '텐트를 치다', '장막을 치다'이다. 이는 행동
적 언어가 아니라 존재적 언어다. 하나님의 사랑 안에 우리의
존재가 텐트를 치고 살아야 한다는 것이다. 그분의 사랑 안에
머물고, 그 사랑 안에서 호흡하며 살다 보면 우리는 어느새 사
랑하며 사는 사람이 되어 있다. 그러므로 우리는 그 사랑 안에
거하면 된다. 그야말로 사랑의 사람이 되는 것이다.

이렇게 사랑 안에 거하며 사랑의 사람으로 살 수 있는 존재
적 근거가 우리 출생의 비밀 속에 담겨 있다. 다음 장에서 이
를 본격적으로 살펴보기로 하자.

나눔과 적용

1. 당신이 경험한 하나님은 어떤 분이신가? 이를 당신의 언어로 표현해 보라.

2. "하나님은 사랑이시라"라는 말씀에 대해 당신은 어떻게 생각하는가? 그분의 사랑을 당신은 '야다/기노스코'하여 알고 있는가?

3. 지금 당신 안에서 충돌하는 하나님의 속성은 무엇인가? 그 충돌이 당신의 신앙에 지금 어떤 영향을 미치고 있는 것처럼 보이는가?

"하나님이 미리 아신 자들을 또한 그 아들의 형상을 본받게 하기 위하여 미리 정하셨으니 이는 그로 많은 형제 중에서 맏아들이 되게 하려 하심이니라 또 미리 정하신 그들을 또한 부르시고 부르신 그들을 또한 의롭다 하시고 의롭다 하신 그들을 또한 영화롭게 하셨느니라"(롬 8:29-30).

"너희가 나를 택한 것이 아니요 내가 너희를 택하여 세웠나니 이는 너희로 가서 열매를 맺게 하고 또 너희 열매가 항상 있게 하여 내 이름으로 아버지께 무엇을 구하든지 다 받게 하려 함이라"(요 15:16).

2. "너는 사랑받고 시작했다."
: 그리스도인의 출생의 비밀

✦ 출생의 비밀

한 소년이 있다. 그는 아버지 없이 어머니 품에서 지금까지 성
장해 왔다. 어머니에게 아버지 이야기를 해 달라고 하면 어머
니는 웃기만 할 뿐 대답해 주시지 않았다. 그러던 어느 날, 아
주 우연히 어떤 물건을 찾다가 서랍 깊숙한 곳에서 어머니의
일기장을 발견하게 되었다. 그리고 거기서 출생의 비밀을 알
게 되었다. 아버지가 결혼한 후 그 소년을 낳고 도망간 것이
다. 그는 아버지에게 버려진 자였던 것이다. 그렇지 않아도 감
수성이 예민할 나이였던 소년은 엄청난 충격에 휩싸이게 된
다. 그리고 그때부터 그는 자신의 내면에서부터 들려오는 소
리를 듣게 된다.

'너는 버려진 자다.'

이 소리는 소년을 두고두고 괴롭혔고, 소년이 성인이 될 때까지 계속 따라다니게 된다. 그리고 그의 인생의 발목을 붙잡게 된다.

'나는 버려진 존재다. 나는 사랑받지 못한 자다. 부정당한 존재다.'

그러면서 그의 삶은 점점 활력을 잃고 가라앉게 된다.

이처럼 한 사람이 어떻게 이 땅에 살게 되었는가는 그의 존재의 토대와 본질이 된다. 그래서 이것이 그의 정체성 혹은 자아의식을 형성한다. 나는 부산 동래 출신인데, 어릴 적에 말을 안 들으면 부모님이 꼭 하셨던 말씀이 있다. 아마 부산이 고향인 사람이라면 알 것이다.

"니는(너는) 영도다리 밑에서 주워 왔다."

별 이야기가 아닌 것 같은데도 주워 왔다는 말이 굉장히 신경에 거슬렸다. 이처럼 자기에 대한 인식과 자기 존재를 자리매김하며 살아가는 데 있어 그가 어떻게 태어났는지는 굉장히 중요한 질문이다. 존재의 근원이기 때문이다.

진화론적 관점에서 보면 우리는 다 우연히 생긴 존재다. 부모나 두 남녀의 사랑 속에서 하룻밤 자고 생긴 존재가 진화론적으로는 우리 자신이다. 몸에서 태아가 생성되는 원리를 알게 된 생물학자들은 인간 한 사람, 한 사람이 6천만에서 2억 대 1의 경쟁 속에서 생긴 존재라고 말한다. 이런 출생 철학을 가진 사람은 태어나면서부터 죽을 때까지 경쟁이 운명이라고 생각하며 살 것이다. 그리고 이 경쟁에서 살아남기 위해 부단히 애쓰며 몸부림칠 것이다. 그는 생명이 시작될 때부터 이 소리를 들었기 때문이다.

"달려가야 해. 질주해야 해. 일등 해야 해. 살아남아야 해."

그는 자기 짝을 찾았을 때 이렇게 외쳤을 것이다.

"나는 경쟁에서 이겼어!"

이런 인식을 가진 사람들은 사회 진화론적 관점에서 살아간다. 그리고 이들이 만들어 내는 문명은 계속 이 소리를 확대하고 재생산하며 강화시켜 낸다.

"너는 낙오되면 끝이야. 절대로 긴장을 놓치면 안 돼. 경쟁에서 이겨야 해."

직장인이 회사라는 경쟁 사회에서 지겹도록 듣는 소리다. 그리고 그것이 삶이고 문명을 발전시키는 동력이라고 이야기한다. 그렇지만 이 문명은 이미 한계를 드러내고 있다. 환경 파괴로 인한 지구 온난화와 AI가 가져올 수 있는 불확실한 미래를 보면서 우리는 더 이상 이 문명이 지속 가능하지 않다는 결론에 이르게 되었다.

기독교 신앙은 전혀 다른 출생의 비밀을 가지고 있다. 예레미야 1장 5절에서 하나님은 예레미야가 이 땅에 어떻게 해서 태어났는지를 말씀하신다.

"내가 너를 모태에 짓기 전에 너를 알았고 네가 배에서 나오기 전에 너를 성별하였고."

모태에서 형성되기 전에, 또한 세상에 태어나서 부모와 대면하기 전에 이미 우리를 아는 존재가 있었다. 누구인가? 하나님이시다. 우리를 빚고, 짓고, 조성한 분이 계시다는 것, 이것이 바로 그리스도인이 가진 출생의 비밀이다. 그리스도인 중에 이 출생의 비밀을 마음속 깊이 간직하며 신앙생활하는 사람이 과연 얼마나 있을지 모르겠다. 이사야 43장 1절은 말씀한다.

"야곱아 너를 창조하신 여호와께서 지금 말씀하시느니라 이스라엘아 너를 지으신 이가 말씀하시느니라 너는 두려워하지 말라 내가 너를 구속하였고 내가 너를 지명하여 불렀나니 너는 내 것이라."

성경은 구약 구석구석에서 육신의 부모와 대면하기 전에 이미 우리를 창조한 분이 계시다는 것을 계속 말씀한다. 구약에 능통한 바리새인이요, 랍비로서 사도 바울은 이 출생의 비밀을 로마서 8장 29-30절에서 교리적으로 핵심을 짚어 정리했다.

> "하나님이 미리 아신 자들을 또한 그 아들의 형상을 본받게 하기 위하여 미리 정하셨으니 이는 그로 많은 형제 중에서 맏아들이 되게 하려 하심이니라 또 미리 정하신 그들을 또한 부르시고 부르신 그들을 또한 의롭다 하시고 의롭다 하신 그들을 또한 영화롭게 하셨느니라."

이 구절에 대한 우리의 관심이 후반부로 먼저 가서는 안 된다.

'하나님이 나를 부르셨다. 그리고 나를 의롭다 하셨다.'

이것은 사명과 관련해서 인생을 보는 것이다. 그것이 먼저가 아니다. 사명 이전에 존재다. 부르심 이전에 부르심의 근거다. 29절을 보라.

> "아신 자들을 … 정하셨으니."

모든 것 이전에 하나님이 먼저 우리를 아셨다. 이것이 인간 존재의 근원이다. 우주의 시작에 말씀이 계시다면(요 1:1), 인간의 시작에는 '앎'이 있다. 그리고 하나님의 자녀로 정하셨다는 것이다. 그리고 이 땅에 와서 누군가의 몸에서 태어나게 하신 것이다. 이것이 그리스도인의 출생의 비밀이다. 그리고 때가 되면 그리스도인으로 부르신다.

예수님을 생의 중간에 영접한 경우도 마찬가지다. 그를 그리스도인으로 부르셨기 때문에 중간에 영접하는 것이다. 그 시기는 하나님의 경륜 안에 있다. 나는 20대 중반에 예수를 믿게 되었다. 세례를 받던 날 성령도 같이 받게 되었는데, 놀라운 일이 일어났다. 눈앞에서 인생의 장면들이 사진이 찍힌 것처럼, 필름처럼 스쳐 지나갔다. 예수 믿기 전의 중요한 사건 몇 장면이 찍혀 나왔는데, 그 장면을 통해 성령께서 명료하게 말씀하셨다.

"네가 나를 알기 전에도 나는 너를 알았다. 너를 사랑했다."

그때 알게 되었다. '택함이란 이런 것이구나'라고 말이다. 예수 믿는 순간 택하신 것이 아니라, 아신 자들을 정하여 믿는 부모의 품에서도 태어나게 하고 안 믿는 부모의 품에서도 태어나게 했다가 때가 되면 그리스도인으로 부르시는 것이다. 굉장히 중요한 부분이다.

20대 초반, 대학생 때 예수를 믿을 기회가 있었다. 나는 부산에서 태어난 후 세 살 때 가족과 함께 대전으로 옮겨 와 그곳에서 고등학교를 졸업하고 대학 입학을 위해 서울로 오게 되었다. 서울에는 아는 사람이 전혀 없었다. 그때 내 안에 아이디어가 하나 떠올랐다.

'대학에 가면 무조건 서클 활동을 해야겠다. 그래야 서울 친구도 사귀고 서울 생활에 적응도 빨리 하지.'

학교에서 오리엔테이션을 하고 신체검사를 마쳤는데, 한 자매가 내 앞을 가로막아 서더니 자기소개와 함께 예수님을 소개했다. 나중에 알고 보니 선교 단체인 네비게이토의 여학생이었다. 소위 나를 전도하려고 다가온 것이다. 서울에 오면 빠른 적응을 위해 서클 활동을 하기로 결심했던 나는 당연히 이분과 만나기로 약속했다. 그런데 이분이 약속한 날 약속 장소에 나오지 않았다. 나중에 네비게이토가 어떤 성격의 선교 단체인지 알고는 명료해졌다. 그때 일어날 수 없는 일이 일어났다는 것을 말이다. 네비게이토는 자기 단체에 데리고 들어가려고 접근하여 만나기로 한 청년을 약속 장소에 나타나지 않아 놓아 보내는 곳이 아니다. 선교 단체 중에서 전도에 대한 열심과 영혼 구원에 대한 열정이 가장 강한 단체이기 때문이다. 그때 그 여학생을 만나게 되었다면, 지금 내 인생은 완전히 달라졌을 것이다. 하지만 주님의 섭리와 은혜의 경륜 안에서 보면 그때는 아직 주님을 만날 시기가 아니었다. 20대 중반에 주님을 만날 때까지 나로 하여금 보고, 듣고, 경험하고, 느끼게 하시는 다른 과외 코스가 있었기 때문이다. 그것이 지금의 나를 조성하고, 지금의 설교 세계와 신학을 만들었다. 모든 것이 다 하나님의 섭리 안에 있다는 뜻이다.

✦ 태초에 시선이 있으니라

왜 창조주 하나님이 누구는 당신의 자녀로 택하고 누구는 택하지 않으시는가? 왜 에서가 아닌 야곱을 택하시는가? 사랑해 주시려는 것이다. 다른 이유가 없다. 사명을 주고 일하게 하려고 택하시는 것이 아니라 사랑해 주려고 택하시는 것이다. 우리의 사명은 그 사랑에 감동해서 나오는 자원적인 성령의 제사 그 이상도 이하도 아니다. 자꾸 우리의 눈길이 '부르시고 의롭다 하시고 영화롭게 하신다'는 후반으로 먼저 가서는 안 된다. 앞에서부터 차곡차곡 시작해야 영적으로 건강한 성도요, 그렇게 모인 교회가 건강한 교회가 되는 것이다.

우리 교회의 한 성도가 설교를 듣고 피드백을 보내 왔다. 설교를 들으니 사춘기 때 어머니가 해 주신 말씀이 생각난다는 것이었다. 자기가 봐도 엄마 말을 너무 안 들어 어느 날 물었다고 한다.

"엄마, 도대체 이런 나를 왜 사랑하는 거야?"

"부모이니까. 너는 내가 낳은 자식이니까."

부모가 자식을 사랑하는 데는 다른 이유가 없다는 것이다. 하나님이 당신의 자녀인 우리를 사랑하시는 모습이 이와 같다. 그런데 하나님이 우리를 자녀로 삼아서 사랑하시는 데는 당신의 자녀로 정해서 부르시기 전에 한 단계가 더 있다고 성경은 말씀한다.

"미리 아신 자들을 또한 그 아들의 형상을 본받게 하기 위하여 미리 정하셨으니"(롬 8:29).

'정하셨다'는 것은 선택 결정이다. 자녀로 선택하고 결정하셨다는 것이다. 그런데 그전에 무엇이 있는가? "아신 자들을 … 정하셨으니." 아시는 것이 먼저다. 이것이 그리스도인의 출생의 비밀의 핵심이다. 하나님이 먼저 우리를 아셨다. 헬라어로 찾아보면 당연히 '기노스코'다. 그분의 시선이 우리 존재에 먼저 꽂혀 있었다는 말이다. 그분의 사랑스러운 눈빛이 먼저 있고, 그 뒤에 우리를 자녀로 정하시는 것이다. 그리고 이 땅에 태어난다. 그러니 우주의 창조로 보면 "태초에 말씀이 계시니라"이다. 그리고 한 사람의 창조로 보면 "태초에 시선이 있으니라"이다. 우리를 사랑하시는 하나님의 시선이 태초에 거기에 있었다. 그리고 우리를 사랑해서 당신의 자녀로 부르셨다.

쌍둥이가 나오는데 태중에서부터 하나님이 야곱을 택하신다. 우리는 야곱이 택함 받았다는 것만 본다. 그런데 계시적으로는 그전에 태초의 시선이 있었다. 사랑하는 눈빛이 있었다. 그리고 야곱을 그 눈빛을 따라 한없이 사랑하신다. 그리고 정하고, 택하고, 이끌어 가신다. 그리스도인의 출생 속에 있는 놀라운 신비이고 은혜다. 그런데 우리가 이러한 말을 들어도 그다지 감동이 되지 않는 이유는 무엇일까? 우리 영혼의 거울에 온갖 얼룩과 때가 끼어 있어 은혜를 비춰 보여 줘도 그것이 있는 그대로 마음의 영혼 판에 새겨지지 않기 때문이다. 교부 어거스틴(Aurelius Augustinus)은, "만일 인간이 죄를 짓지 않았다면, 인간은 태어날 때부터 하나님을 알았을 것이다"라고 했다. 동일하게, 만일 인간이 죄를 지어 영혼에 금이 가거나 영혼이 파괴되지 않았다면, 인간은 자기 출생의 놀라운 신비를 기억하고 태어날 것이다. 이성이 성장하는 만큼 이 신비가 점점 뚜렷해질 것이다. 그런데 죄가 들어오고, 죄가 만든 악이 세상에 시스템으로 정착되고 문화로 흘러들어 가면서 여기서 교육 받은 인간은 점점 이 비밀을 놓쳐 버리게 되는 것이다.

"얘야, 태초에 시선이 있었어. 태초에 너를 사랑하는 눈빛이 있었어."

이것이 본래 우리 영혼의 깊은 곳에서 흐르는 음성인데, 이 음성을 지워 버리는 엉뚱한 음성들이 우리 인생과 존재 속에 치고 들어오고 있다. 서두에 말한 소년이 들은 '너는 버려진 자야'와 같은 음성이다. 그래서 자기는 우연히 생겼다는 둥, 어쩌다 사고로 생겼다는 둥, 버림받았다는 둥 말한다. 거짓말이다! 우리는 사랑받았다. 사랑받았기에 하나님이 아시고, 정하시고, 당신의 자녀로 부르신 것이다. 이것이 우리의 출생의 비밀이다.

회심하여 하나님의 자녀가 된 어느 날, 이 출생의 비밀을 알고 나서 어머니께 전화를 드렸다.

"엄마, 어렸을 때 내가 어디서 태어났다고 했죠?"

"네가 말 안 들으면 '너 영도다리 밑에서 태어났다'고 했지."

"엄마, 나 영도다리에서 태어나지 않았어요. 하나님이 나를 태어나게 하셨어요."

✦ 더욱 깊은 곳의 자아의식

예수님이 최초로 들으신 성령의 음성이 있다. 요한에게 세례를 받고 육지로 올라오실 때, 하늘에서 성령이 비둘기처럼 내리면서 음성이 들렸다.

"너는 내 사랑하는 아들이라 내가 너를 기뻐하노라"(막 1:11).

그리고 이것이 예수님의 인생에서 그분의 자아의식을 형성한다. 우리는 흔히 "예수님은 메시아적 자아의식을 가지고 계셨다. 인자로서의 자아의식을 가지고 계셨다"라고 이야기하지만, 이는 역할(role)에 의한 자아의식이다. 역할에 의해 규정되는 예수님의 자아의식 안에는 더 깊은 곳에서 흐르는 의식이 있었다. '나는 성부께 사랑받는 자요, 그분이 기뻐하시는 자다. 그분과 나는 사랑 안에서 연합되어 있다. 그러므로 아버지께서 일을 하시니 나도 일한다'라는 의식이다. 바로 영혼(soul)에서 나오는 자아의식이다. 사명이 형성되는 근거가 존재 안에 있고, 그 존재의 핵심에 하나님이 사랑하신다는 영혼의 자기 의식(self consciousness)이 있는 것이다. 그리고 이 의식이 예수 그리스도로 하여금 십자가를 향해 당신의 존재를 밀어붙이게 만든다.

여기서 십자가를 향해 가시는 예수님의 내적 정서가 달리 보이기 시작한다. 우리가 흔히 생각하듯, 예수 그리스도는 어둡고 우울한 얼굴로 온 세상의 고난의 십자가를 다 지고 가는 가련한 양이 아니시다. 그분은 아버지께 사랑받고 있음을 알기에 당신에게 허락된 십자가를 기쁨으로 지신다. 사랑은 두려움을 내어 쫓고 기쁨을 가져오는 신비한 힘이기 때문이다. 성부의 뜻을 이루어 드리려고 당당한 개선장군의 기개와 용기를 가지고 하나님을 향한 강력한 열망을 품고 십자가로 나아가시는 것이다. "너는 내가 사랑하는 자라"라는 내적 음성이 예수님의 영혼 속에 지하수처럼 흐르면서 그분을 끊임없이 추동해 간다.

당신은 지금 어떤 소리를 듣고 있는가? 무슨 소리가 가장 많이 들리는가? "너는 내 사랑하는 자녀다. 내가 너를 기뻐한다"라는 음성이 지금 들리는가? 주님이 우리를 부르신 이유는 '그냥'이다. '그냥'이라는 말은 이유가 없다는 것이다. 그냥 우리를 사랑하고 기뻐하신다. 목사로서, 교인으로서 주님의 일을 열심히 하니까? 세상에서 출세했으니까? 아니다. 그냥이다. 우리를 그냥 사랑하고, 그냥 수용하고, 그냥 품으며, 그냥 기뻐하신다. 이것이 우리가 평생 그리스도인으로서 들어야 할 내면의 음성이다. 이 음성을 제대로 들은 사람은 죄에서 기쁨으로 돌이켜 회개할 것이다. 죄와 선의 유혹의 갈림길에서 살아남기 위해 죄를 선택하지는 않을 것이다.

서두에 말했던 소년이 어느 날 예수님을 알고 그분을 주님으로 영접하게 된다. 그러면서 그는 깊은 곳보다 더욱 깊은 곳에 있던 자신의 출생의 비밀을 알게 된다.

'너는 버려진 존재가 아니다. 내가 너를 알았고, 너를 정하였고, 너를 사랑하였다.'

더 깊은 출생의 비밀을 알고 현실로 돌아온 그에게 아버지가 자신에게 남기고 간 과거의 아픔은 마냥 저주가 아니라, 다른 사람은 갖지 못하는 놀랍고도 새로운 소명의 길을 찾게 만들어 주는 축복의 선물임이 드러나게 될 것이다. 그의 인생은 이제 저주에서 축복으로 바뀌게 된 것이다.

1. 그리스도인들의 영적인 출생의 비밀이 지금 당신에게 주는 위로는 무엇인가?

2. 하나님이 당신을 택하여 부르신 이유는 무엇이라고 생각하는가? 당신은 그 부르심에 잘 반응하여 살고 있는가?

3. 하나님의 음성과 세상의 소리 중 당신의 귀에 더 자주, 명확히 들리는 것은 무엇인가? 만일 그것이 세상의 소리라면 하나님의 음성을 듣기 위해 어떤 노력을 기울여야 할까?

"데리고 예수께로 오니 예수께서 보시고 이르시되 네가 요한의 아들 시몬이니 장차 게바라 하리라 하시니라 (게바는 번역하면 베드로라) … 너희가 나를 택한 것이 아니요 내가 너희를 택하여 세웠나니 이는 너희로 가서 열매를 맺게 하고 또 너희 열매가 항상 있게 하여 내 이름으로 아버지께 무엇을 구하든지 다 받게 하려 함이라"(요 1:42, 15:16).

3. 미래태를
현실태로 만드시는 하나님

✦ 사회-규정적 정체성과 개인-규정적 정체성

한 마을에 오리 떼가 살고 있다. 그런데 어떻게 된 연유인지 새끼 독수리 한 마리가 함께 끼어 살아가고 있다. 이 새끼 독수리는 자기가 독수리인 줄도 모른 채 오리처럼 먹고, 오리처럼 걷는다. 장성해서도 날지 못하고 오리처럼 물속에서 물고기나 잡아먹고 헤엄이나 치며 살아간다. 그러던 어느 날, 푸른 하늘에 독수리 몇 마리가 창공을 유유히 선회하는 것을 보고 말한다.

"아! 정말 아름답고 위대하다. 나는 이 좁은 물가에서 물고기나 쪼아 먹으며 살고 있는데, 저 독수리들은 온 창공을 날아오르며 세상을 내려다보고 사는구나!"

많이 들어 본 이야기지만 여기에는 소중한 진리가 숨어 있다. '나는 누구인가, 나는 스스로를 누구라고 규정하는가' 이 한 가지가 우리의 생각과 말과 행동을 결정해 준다는 것이다. 더 나아가 우리 인생의 방향도 결정해 줄 수 있다. 우리는 이 것을 '정체성'이라고 말한다. 나를 나 되게 하는 것, 나의 본질이 되고 존재의 바탕이 되는 그 무엇이 바로 정체성이다. 일례로, 나는 목사고, 성은 이 씨고, 고향은 부산이고, 어디에서 공부했다는 이 모든 것이 나의 정체성을 이루는 구성 성분이다.

예수님께서 베드로를 처음 만났을 때 그분은 그를 한 눈에 알아보셨다. 그리고 말씀하셨다.

"너는 요한의 아들 시몬이다."

이 말씀은 예수님 당시 베드로가 가진 정체성의 핵심이었다. 베드로는 이 정체성에 따라 생각하고 행동한다. 사람들도 이 정체성에 따라 그를 대한다. 소위 사회-규정적 정체성으로, 사회나 집단이 "이것이 너야"라고 말해 주는 정체성이다. 우리가 이 사회-규정적 정체성에 걸맞게 행동하면 사회는 이를 받아들여 주고, 이 정체성을 벗어나서 행동하면 그때부터 이 행동을 수용할 것인지 배제할 것인지를 판단한다.

예수님을 보고 사람들이 말한다.

"갈릴리에서 무슨 선한 것이 날 수 있지? 갈릴리는 변방이고 물고기나 잡는 동네인데, 거기서 어떻게 선생이 나올 수 있 겠어?"

예수님이 갈릴리 출신이라는 것이 예수님의 사회적 정체 성을 일정 정도는 규정하고 있었다는 말이다. 오늘날도 마찬 가지다. '사회-규정적 정체성'이 우리를 규정하고 꼴(틀) 지어 준다. 특정한 사람을 이 규정에 따라 특정 부류로 엮어 내려 한다. 마음에 들지 않으면 괜히 묻는다.

"그 사람 어디 출신이야? 어느 동네 사람이야?"

호남 사람, 영남 사람, 충청도 사람 등 자신의 출신에 따라 다른 사람을 규정하고 자신도 그 안에 들어간다. 남성이냐, 여 성이냐도 마찬가지다. 남자는 이래야 하고 여자는 저래야 하 는 것은 사회-규정적 정체성이다. 이처럼 태어나서 살고 자 란 환경이 우리 각 사람을 '너는 이런 사람이야'라고 규정해 버린다. 그리고 우리는 이를 순순히 받아들인다. 그것이 '나' 라고 생각한다. 사회-규정적 정체성이 개인 내면의 정체성이 되어 버린 것이다. 분명 독수리인데, 자신을 오리라고 말하는 오리 떼 속에서 지내다 보니 그냥 자기가 오리인 줄 알고 사는 것과 같다.

정체성은 또한 우리가 스스로에 대해 '이것이 나이고 내 존 재의 핵심'이라고 규정하는 것이기도 하다. 소위 '자기-규정적 정체성'이다. 어린 시절부터 지금까지 살아온 경험, 받았던 교육, 습득한 지식 등이 우리의 정체성을 만든다. 특히 어린 시절의 경험은 정체성에 대해 스스로를 이미지화하는 데 있어 굉장히 결정적이다. 그것이 좋은 경험이건, 아니면 상처받은 아픈 경험이건, 부모나 가족들 속에서 가진 경험은 우리의 정체성을 이루는 데 굉장히 중요한 역할을 한다.

사람은 이 두 가지를 종합하여 자신이 어떤 사람인지를 결정한다. '밖에서 형성해 준 나'(사회-규정적 정체성)와 '스스로 규정한 나'(자기-규정적 정체성)가 우리의 정체성을 형성해 평생을 따라다닌다. 그래서 실제 정체성은 독수리지만, 이 두 가지로 인해 평생 스스로를 오리라고 착각하며 사는 것이다.

예를 들어, 요한의 아들 시몬은 평생 요한의 아들이요, 시몬이다. 그는 갈릴리 사람이고, 어부다. 아버지도, 조부도, 증조부도 갈릴리 바닷가에서 고기를 잡으며 먹고살다가 죽었을 것이다. 그도 당연히 그렇게 살다가 죽을 것이다. 놀랍게도 이 생각을 떨쳐 버리기가 쉽지 않다. 두 방향에서 형성해 준 '나'가 이미 우리의 삶이 되고, 자신이 되고, 세포(DNA)가 되어 버렸기 때문이다. 그러니 여기서 벗어나지 못한다. 한 사람의 '운명'은 이렇게 형성된다. 실제 '운명'이 있는 것이 아니라, 규정된 정체성에 꼴 지어져 '운명'이라고 생각하는 '자가 운명'을 만드는 것이다.

　교회도 마찬가지다. 좋은 교회를 이루어야 한다는 것, 지금보다 더 좋은 교회를 만들어야 한다는 것을 모두가 알고 있다. 그렇게 하고 싶다. 그런데 이것이 쉽지 않다. 우리 안에 잘못 형성되었을 수 있는 교회의 정체성 때문이다. 교회 안에서 이미 규정된 '교회와 성도는 어떠해야 한다'는 이미지가 하나의 정체성이 되어 그것이 이미 우리 자신이 되어 버렸기 때문이다.

✦ 제3의 정체성: 영적 정체성

앞 장에서 우리의 정체성에 대한 매우 중요한 부분, 우리가 잊고 있던 정체성의 굉장히 소중한 부분을 이미 이야기했다. 우리의 출생의 비밀이다. 육체로는 요한의 아들이고 이름은 시몬인데, 영적으로는 누구인가? 하나님의 자녀다. 그래서 하나님의 택함을 받아 이 땅에 왔다. 육신의 부모가 알아보기 전에 하나님이 우리를 알아보셔서, 지극히 사랑하는 눈빛으로 바라보며 자녀로 정하여 이 땅에 태어나게 하셨다. 그래서 우리는 하나님께 사랑받고 태어난 존재이고, 사랑받고 살도록 이 땅에 초대받은 사람이다. 이것은 사회-규정적 정체성도 아니요, 자기-규정적 정체성도 아니다. 제3의 정체성, 즉 영적 정체성의 핵심이고 골간(骨幹)이다. 그런데 이것이 영적으로는 멋지지만, 솔직히 우리 마음이 잘 움직이지 않는다. 이미 우리 정체성의 견고한 진이 앞의 두 가지에 의해 붙들려 있고, 굳어져 있고, 심지어 사로잡혀 있기 때문이다. 그래서 성도의 신앙생활을 보면 그들의 삶과 내면세계와 성경이 이야기하는 자기정체성이 분리되어 있고, 심지어는 해체된 경우가 굉장히 많다. 이 정체성은 정말 성령이 역사하시지 않으면 받을 수 없고, 깨어 있지 않으면 깨칠 수가 없다.

시몬이 예수님께 놀라운 말씀을 듣는다.

"네가 요한의 아들 시몬이니 장차 게바라 하리라"(요 1:42).

예수님은 지금 베드로 안에 있는 또 하나의 정체성, 즉 제3의 정체성을 말씀하신다. 그 정체성이 가진 잠재력과 가능성을 눈앞에 사진처럼 찍어 보여 주신 것이다. 그런데 베드로는 이 놀라운 말씀을 듣고도 어떤 응답도 없이 그냥 자기가 살던 자리로 돌아가 버린다. 그 정체성은 현실태가 아니기 때문이다. 믿음으로만 볼 수 있는 정체성이기 때문이다. 이와 같은 일들이 오늘날에도 반복해서 일어나고 있다. 어떻게 하겠는가? 당분간 그렇게 사는 것이다. 우리의 진정한 정체성, 제3의 정체성을 뼛속 깊이 가지고 있지 않고 그것이 아직 그다지 중요하지 않다면, 그 사람은 당분간 그렇게 그 길을 가는 수밖에 없다. 반면에 오직 한 부류의 사람, 자신의 인생을 진정으로 사랑하는 사람은 그렇게 하지 않는다. 사랑과 애착과 집착과 환영은 서로 다르다. 자신의 인생을 진정으로 사랑하는 사람은 그 인생을 아름답게 가꾸고 싶어 한다. 지금보다 더 멋지게 살아 내고 싶어 한다. 지금 추구하는 가치보다 더 아름답고, 고상하고, 숭고한 것을 추구하고 싶어 한다. 그로써 자신의 존재가 고양되기 때문이다. 참된 가치를 추구하면 생명이 고양되기 때문이다.

'나는 내 인생을 사랑해. 이대로 마치고 싶지 않아. 제3의 길이 있다면 너무나도 좋겠어.'

만일 이렇게 생각한다면, 그는 마음의 문을 열 것이다. 혹시 지금 '나는 요한의 아들 시몬으로 만족할 수 없어. 나는 인생을 갈릴리 바닷가에서 마무리하고 싶지 않아. 나는 제3의 길이 있으면 좋겠고, 그것을 기꺼이 내 정체성으로 받기를 원해' 하고 생각하고 있다면 가슴과 영혼을 열어 받아들일 것을 권한다.

'나는 누구인가? 내 존재의 핵심은 무엇인가?'

우리는 하나님의 자녀다. 누가 뭐라 해도, 세상이 우리에게 무슨 소리를 반복해서 들려준다 할지라도 우리는 하나님께 택함 받은 그분의 자녀다. 하나님께 사랑을 받으며 살도록 이 땅에 초대받은 사람이다. 이것이 우리의 정체성이고, 본질이며, 존재의 핵심이다. 이것이 바로 성경이 말씀하는 제3의 정체성이다.

✦ 미래태로부터 현실태를 보고 살아감

베드로는 결국 자신의 새로운 정체성을 견딜 수 없었는지 받아들이지 않는다. 정체성은 자기가 자신에게 부여하고 사회가 규정하는 것이라고 보았기 때문이다.

'내가 무슨 게바야!'

그래서 그는 자기가 살던 자리로 돌아가 버렸다. 그렇게 해서 그는 평생을 그 갈릴리 바닷가에서 요한의 아들 시몬으로 살다가 인생을 마무리할 뻔했다. 그런데 누가복음 5장을 보면, 예수님이 그 바다에 다시 찾아가 베드로를 흔들어 깨워 주셨다. 그리고 말씀하셨다.

"지금은 네가 물고기 잡는 어부지만, 너는 장차 사람을 낚는 어부가 될 것이다."

이는 요한복음 1장 42절과 같은 말씀이다. 먼저 '물고기 잡는 어부', '지금의 베드로', '요한의 아들 시몬'은 모두 사회-규정적 정체성이요, 자기-규정적 정체성으로 현실태이다. 이 현실태는 우리 안에서 말한다.

"나는(너는) 평생 이 바다에서 물고기나 잡아먹으며 살다가 죽을 거야. 이것은 운명이니 벗어날 수 없어!"

반면에 "너는 사람을 낚는 어부가 될 것이다"라는 말씀은 제3의 정체성이요, 미래태이다. 이 미래태는 우리 안에서 성령을 통해 말한다.

"너는 인간의 영혼을 구원해 내는 자가 될 것이다. 지금은 네가 구덩이에 빠져 있지만, 내가 너를 건져 내어 네 뒤에 구덩이에 빠진 사람을 건져 낼 밧줄을 던져 주어 하나님께로 이끌어 가는 자가 되게 할 것이다!"

어떤가? 존재의 가치가 완전히 달라져 있다. 앞의 존재 가치가 1이면, 뒤의 존재 가치는 10이다. 물고기를 낚는 사람이 1의 가치를 가진 인생이라면, 사람을 낚는 일에 인생을 드리는 자는 10의 가치를 갖고 사는 사람이 될 것이다.

베드로는 마침내 제3의 정체성을 받아들인다. 자기가 규정한 자신을 '내려놓은 것'이다. 이는 문화가 규정한 자신, 교육이 규정한 자신, 무엇보다 인생의 경험 속에서 스스로 규정한 자신을 내려놓는 것이다. '너는 이 정도 가치밖에 되지 않는 사람이야' 하며 인생이 갈기갈기 찢어 놓아 버린 바로 그 '나'를 '떠나보내는 것'(let-it-go)이다. 그는 이제 게바를 받아들인다. 물론 아직 그에게서는 게바의 맹아(萌芽, seed)도 보이지 않는다. 게바의 어떤 조짐도 발견할 수 없다. 그러니 예수님의 말씀에 시큰둥하게 반응하고 살던 자리로 돌아간 것이다.

물론 지금도 정말 게바가 될 수 있는지, 독수리가 될 수 있는지는 알 수 없다. 하지만 분명한 것 두 가지가 있다. 첫째, 현실태의 '나'로서는 더 이상 살아 낼 수도 없고, 견딜 수도 없고, 행복할 수는 더욱 없다. 그래서 살기 위해 자기-규정적 정체성도, 사회-규정적 정체성도 상대화한다. 그리고 제3의 정체성에 마음의 문을 연다. 둘째, 지금 그 말씀을 하고 계시는 분을 신뢰한다. 누구인가? 우리 주, 예수 그리스도이시다. 그분이 우리 인생의 메시아라는 것을 믿는다. 우리 안에 있는 가능성과 잠재력은 여전히 믿기지 않는다. 그 싹이 보이지 않기에 그렇다. 하지만 그분을 믿고 그분의 말씀을 신뢰한다. 그래서 그분이 말씀하시는 '나'를 믿음으로 받아들이고, 그분이 말씀하시는 '나'에 대해 눈길을 주기 시작한다. 그래서 스스로에게 다짐하고 외친다.

"그래, 나는 게바다. 나는 사람을 낚는 어부다."

그리고 이제는 스스로를 게바라 여기고 살아간다. 이것이 믿음이다.

✦ 진실 게임

여기서 이제 진실 게임이 시작된다. 만일 정말 게바가 아니라면, 게바라고 생각하고 산다고 게바가 될까? 아니다. 독수리가 아니면 오리가 아무리 자기를 독수리라고 생각하고 살아도 오리는 절대로 창공을 날아오르지 못한다. 그래서 한동안 내면에서 두 정체성이 경합을 벌인다. 오리의 정체성과 독수리의 정체성이 다툰다.

요한복음의 기자는 1장 42절부터 시작해서 21장이 끝나기 직전까지 베드로를 항상 '시몬 베드로'라고 부른다. 한 사람 안에 옛사람 시몬과 새사람 베드로의 모습이 공존해 있다는 뜻이다. 옛 자아와 새 자아가 다툰다. 사회-규정적 정체성과 자기-규정적 정체성이 혼재된 시몬과 제3의 정체성으로 막 형성된 베드로가 서로 싸운다. 단순히 육과 영이 싸우는 것이 아니라, 한 존재 안에서 가장 치열한 전쟁이 벌어지는 것이다. 전에는 자신을 그저 시몬으로만 알았던 사람이, 이제는 자신에게 첫 시선을 주신 예수님을 신뢰하기 때문에 계속 베드로에게 시선을 맞추고 살아간다. 앞에서도 이야기했듯이, 태초에 우리를 사랑하신 그분의 눈빛이 있었다. 베드로는 그 눈빛에 자기 눈빛을 포개어 계속 그것을 바라보며 살아간다. 시몬이 아닌 베드로에게 계속 시선을 주고 사는 것이다.

"Whatever you water, it grows"(네가 무엇에 물을 주든, 물을 주는 그것은 자라 간다).

베드로에 시선을 고정하라! 허상이면 아무 일도 일어나지 않을 것이다. 그러나 그것이 실상이면, 그 베드로는 내 안에서 자라 간다. 어느 날 나는 정말 시몬이 아니라 베드로가 되어 있다. 오리 떼 속에 있던 독수리가 어느 날 보니 정말 날아오른 것이다. 자기가 그토록 동경하던 존재가 된 것이다. 이 사람은 베드로였던 것이다.

성경 66권을 간단히 말하면 모두 이 이야기다. 시몬으로 살던 사람을 베드로로 깨워 낸 이야기, 시몬을 베드로로 변화시켜 아름답고 위대한 삶을 살게 한 이야기다. 그런데 한국 교회가 신앙의 세계를 너무 협소하게 만들어 버렸다. 그저 예수 믿고 구속, 곧 죄 사함 받아 주님께 순종하고 살다가 천국에 가는 이야기, 혹은 죄의 관리를 위한 복음으로 만든 것이다. 그래서 하나님이 우리를 어떤 잠재력과 가능성을 갖고 부르셨는지를 알지 못하고, 깨달으려 하지도 않는다. 자기가 깔고 앉은 보물을 모른 채 살아가는 것이다.

✦ 고유하고 독특하며 유일한 인생

어떤 사람은 부요한 집에 태어나고, 어떤 사람은 가난한 집에 태어난다. 어떤 사람은 건강한 가정에 태어나고, 어떤 사람은 결손 가정에 태어난다. 주님이 택하셨음에도 그런 일들이 벌어진다. 이것은 무엇을 말하는 것인가? 신학적 의문이 든다. 뒤에서 이야기하겠지만 분명한 것 하나는, 주님은 당신의 자녀를 세상에 보낼 때 빈손으로 보내는 일이 절대로 없으시다. 감당하지 못할 시험을 허락하지 않으시고, 시험당할 때는 피할 길을 내신다. 이는 살아가는 중간에 주시는 말씀일 뿐만 아니라, 이 땅에서 살아가기 시작하는 모든 당신의 백성에게 주시는 말씀이다. 가난한 집에서 태어났다면 그 속에서 주님이 그 사람만을 통해 이루시려는 고유하고 독특한 일이 반드시 있다. 부유한 집에 태어났다면 절대로 깨치거나 이룰 수 없는 독특한 삶이 있음은 물론, 그 가능성과 잠재력을 내다보아 그 사람을 거기에서 태어나게 하신 것이다.

하나님의 백성은 이를 볼 줄 알아야 한다. 우리 각자의 삶은 고유하고 독특하며 유일한 것이다. 누군가와 비교할 필요가 없다. 흙수저로 태어났다고 해서 한탄하는 것은 평생을 오리로 살아갈 수밖에 없다고 자기 합리화하는 것과 마찬가지다. '하나님 안에서는 흙수저도, 은수저도 없고 오직 성령 수저만 있을 뿐'이라는 것을 믿어야 한다. 그때 우리 안에 있는 베드로가 보이기 시작한다. 여기에 계속 시선을 주면, 어느 날 자신이 정말로 독수리인 것을 알게 된다.

✦ 택함 받음의 비밀

거듭 강조해서 이야기하고 싶다. "나는 누구인가? 나는 택함 받은 사람이다. 내가 주님을 택한 것이 아니요, 주님이 나를 택하여 세우셨다"는 고백은 제자도의 핵심이다. 어떤 사람이 진짜 제자인지 아닌지를 알기 위해서는 다른 것이 아니라, 그가 누구인지를 물어보면 된다. "나는 택함 받은 사람입니다. 그래서 여기로 부름 받았습니다"라는 고백이 분명한지를 확인하면 된다.

목사든, 교회의 지도자나 일꾼이든 하나같이 사역이 순탄하게 풀리고 삶이 무탈할 때는 주님의 택하심과 부르심으로 자신이 그 자리에 있다고 고백한다. 그런데 조금만 힘든 일이 생기면, 주님께 묻지도 않고 택함 받았다고 이야기한 그 자리에서 도망가 버리려 한다. 그것은 택함 받은 자의 자세가 아니다. 정말 택함 받았다면 주님이 불러 주신 자리에서 죽을 수 있어야 제자다. 무슨 말인가? 택함의 고백 속에는 비장하고도 묵직한 부르심이 들어 있다는 뜻이다.

요한복음 1장 42절 앞부분을 보면 베드로와 형제 안드레가 메시아를 찾아 나섰던 것 같다. 그러다가 안드레가 먼저 예수님을 만나 하룻밤을 지냈는데, 그때 그분이 자기들이 찾던 메시아인 것을 알아보게 되었다. 그래서 베드로를 그 자리로 초대한 것이다. 이들은 처음 자기들이 메시아를 찾아내었다고 생각했을 것이다. 그런데 예수님이 말씀하신다.

"네가 요한의 아들 시몬이다."

무슨 말인가? 베드로가 예수님을 발견하기 전에 이미 예수님이 베드로를 아셨던 것이다. 연이어 나다나엘의 이야기가 나온다.

"네가 무화과나무 아래에 있을 때에 보았노라"(요 1:48).

먼저 택하셨다는 이야기다. 택하신 이유가 있다.

"이는 너희로 가서 열매를 맺게 하고 또 너희 열매가 항상 있게 하여 내 이름으로 아버지께 무엇을 구하든지 다 받게 하려 함이라"(요 15:16).

주님이 택하신 이유가 무엇인가? 우리에게 풍성하고 아름다운 인생을 살게 하시려는 것이다. 그래서 우리를 게바로 부르신다.

주님은 모든 사람 안에서 이 게바를 보신다. 나의 게바와 다른 사람 안에 있는 게바는 절대 같지 않다. 다 고유하고도 독특한 게바가 우리 각자 안에 있다. 그것이 있기에 이를 자라게 해 열매 맺게 하시는 것이다.

나눔과 적용

1. 당신은 지금 어떤 정체성을 가지고 살고 있는가? 그 정체성이 형성되기까지 가장 큰 영향을 미친 것은 무엇이라고 생각하는가?

2. 하나님은 당신의 자녀를 독수리로 부르셨다. 하나님이 세상이라는 오리 떼 속에서 살아가는 독수리에게 원하시는 자기 인식의 모습은 무엇일까?

3. 당신은 누구인가? 당신은 스스로를 예수 그리스도의 제자라고 고백할 수 있는가? 그럴 수 없다면 그 이유는 무엇인가?

"그의 힘의 위력으로 역사하심을 따라 믿는 우리에게 베푸신 능력의 지극히 크심이 어떠한 것을 너희로 알게 하시기를 구하노라 그의 능력이 그리스도 안에서 역사하사 죽은 자들 가운데서 다시 살리시고 하늘에서 자기의 오른편에 앉히사 모든 통치와 권세와 능력과 주권과 이 세상뿐 아니라 오는 세상에 일컫는 모든 이름 위에 뛰어나게 하시고 또 만물을 그의 발아래에 복종하게 하시고 그를 만물 위에 교회의 머리로 삼으셨느니라"(엡 1:19-22).

4. 세계관의 회심

미래태를 현실태로 만드시는 하나님을 신뢰하며 산다는 것은 시간관의 회심을 전제로 한다. 보통 사람은 과거에서 현재를 거쳐 미래를 향해 살아간다. 그래서 과거는 기억으로 존재하고, 현재는 몸으로 경험하며, 미래는 소망으로 기대한다. 하지만 하나님께 사랑받는 자, 즉 새로운 정체성을 가진 사람은 다른 방식의 시간관을 갖고 있다. 현재에 발을 딛고 미래를 향해 사는 것이 아니라, 미래를 믿음으로 가서 보고, 다시 현재로 돌아와 지금 여기(here and now)를 살아간다. 미래태는 단순히 미래의 꿈이 아니라, 지금 여기로 걸어오고 있는 미래다. 실현될 미래를 미리 보고, 현재로 돌아와 여기를 살아간다. 이 시간관을 가능하게 하는 것이 믿음이다. 그래서 "믿음은 바라는

것들의 실상이요 보이지 않는 것들의 증거니"(히 11:1)라는 말씀이 성립된다.

새로운 정체성은 시간관뿐 아니라 이제 세계관과 인생관의 전환을 가져온다. 이 장에서는 하나님께 사랑받는 자가 살아가는 세상에 대해 살펴보려 한다. 이 세계, 즉 이 세상은 우리가 살아가는 무대이고, 또 우리를 둘러싼 환경이다. 우리의 밖에 존재한다. 하지만 우리는 그곳에 들어가 산다. 그래서 우리 밖에 있지만 우리는 그 세계 속에 있다.

그런데 우리가 이 세계 속에 들어가 사는 어느 순간부터 이 세계에 속한 것들이 하나씩, 하나씩 우리 안으로 들어온다. 이 세계를 움직이는 원리, 철학, 이념, 정신, 문화 같은 것들이다. 이를 세계의 내재화(內在化)라고 한다. 우리가 세계 속에 들어가 있기도 하지만, 이제는 이 세계가 우리 안에 들어와 있기도 한다. 둘은 떼려야 뗄 수 없음을 말하는 것이다. 그러므로 '사랑받는 사람으로서 어떻게 살 것인가, 어떤 마음으로 살 것인가'를 생각함에 있어 우리가 살고 있는 세상을 어떤 관점에서 바라보느냐는 승리하는 인생을 살아가는 데 있어 매우 중요하다. 기독교 신앙에서는 이를 '세계관'이라고 이야기한다. 세계를 보는 관점이다.

✦ 기독교의 세계관

기독교는 확고한 세계관을 갖고 있다. 창세기 1장 1절에 기록된 "태초에 하나님이 천지를 창조하시니라"라는 말씀은 성경 66권의 첫 구절이기도 하고, 성경 66권 안에 있는 세계를 보는 관점이기도 하며, 그리스도인들이 세상을 보는 관점이기도 하다. 실제로 하나님이 살아 계시고 창조주이며 구원자시라면, 그리스도인은 확고한 창조론적 세계관을 갖고 있어야 한다. 즉, '하나님이 세상을 창조하셨다. 세상은 창조된 것이고, 세상에 있는 모든 것은 피조물이다. 세상은 무한히 존재해 온 것도 아니고, 영원한 것도 아니다. 세상은 피조물이고, 그 안에 있는 시간이나 공간도 절대로 무한하거나 영원하지 않다'라고 생각할 수 있다.

오래전, 칼 세이건(Carl Sagan)이라는 물리학자가 우주에 대해 강의하며 인기를 얻은 적이 있다. 시간은 무한에서부터 와서 앞으로도 무한할 것이라고 이야기했다. 인간은 영원의 영원부터 존재해 왔고, 앞으로도 무한하고 영원히 존재할 그 시간 안에 던져진 존재라고 본 것이다. 그리스도인은 세계를 그렇게 보지 않는다. 시간도 창조된 것이고, 세상 속 공간도 피조물이다. 무슨 뜻인가 하면, 세계나 그 안에 있는 것들은 그 어떤 것도 신격화하거나 절대화해서는 안 된다는 말이다. 또 그렇게 할 필요도 없다는 이야기다. 그것들도 결국은 피조물이기 때문이다. 그에 대해 우리가 공포감을 갖거나, 두려워하거나, 무서워할 필요가 없다. 이것들은 우리를 사랑하는 하나님이 만드신 것이다. 이 세상을 만들고 나서 "보시기에 좋았더라"라고 하셨다. '토브'(טוֹב, 좋은)는 하나님이 세상을 보시는 관점이다. 하나님이 처음에 세상을 이렇게 보셨을 뿐 아니라, 지금도 당신이 만든 이 세계를 근본적으로는 이 마음으로 보고 계신다. '참 좋다. 참 아름답다' 하며 하나님은 세상을 긍정하신다.

그리스도인들이 세상에 대해 갖는 세 가지 잘못된 관점이 있다. 첫째는, 세상을 경시하는 것이다. '세상은 무가치하고 무의미하니 여기서 벗어나 영원한 것을 추구하고 탐구하며 살자'는 것은 잘못된 생각이다. 하나님은 세상을 긍정하신다. 세상 속에 계시고, 세상 안에서 일하시고, 세상을 통해 이 역사와 세계를 구원해 가신다. 이것을 잊어서는 안 된다.

둘째는, 세상을 악마화하는 것이다. '세상은 악하고 죄악이 관영해 있다. 그러니 우리는 이 세상에서 사람들을 구해 내어 천국의 예표인 교회로 데려와 서로 사랑하며 살다가 죽어서 천국에 가면 된다'라고 생각하는 것이다. 오늘날 우리 안에도 세상을 악마화하는 경향이 다양한 스펙트럼으로 존재한다.

셋째는, 세상을 신격화하고 절대화하는 것이다. 어떤 사람이 세상을 생각하면 무섭고 혹시 세상에 의해 삼켜질까 두렵다면, 그는 지금 세상을 절대화하며 신격화하고 있는 것이다. 하나님이 이 세상을 창조하셨다는 것을 믿지 않는 것이다. 그래서 이 세계 속에 있는 것들에 의해 삼켜지지 않으려고 어떻게 하는가? 그것을 섬기고 받든다. 그러면 그것이 잘해 줄 것이기 때문이다. 이런 이야기를 하면 대개는 옛날 조상들이 섬기던 산신령 혹은 해신과 같은 샤머니즘이나 짐승들을 섬기던 토테미즘을 생각한다. 현대에도 마찬가지다. 소비주의 물질문명은 전형적으로 세상을 신격화하고 절대화한다. 물질이 모든 것의 근원이고, 최고이며 우선이다. 이미 세상 속에서 물질이 절대화되어 있다는 뜻이다. 그래서 세상이 피조물이라는 사실도 잊어버린다. 세상이 정해 주는 기준과 가치와 원칙을 무조건 따라 하고, 그 규칙과 법칙에 맹목적으로 순응한다. 지금 이 소비주의 물질 만능 문명은 그런 면에서 세상을 신격화하고 절대화하고 있는 것이다.

이런 면에서 오늘날의 문명은 소위 '신 토테미즘 사회'라 할 수 있다. 그래서 알게 모르게 세상을 섬긴다. 세상을 두려워한다. 혹시 이 세상에 의해 자신의 인생이 삼켜지면 어떻게 할까 늘 염려하고 두려워한다. 이는 세상을 보는 관점이 잘못되었다는 뜻이다. 우리가 살고 있는 이 세상은 우리를 만들고 우리를 사랑하시는 하나님이 만드신 피조물이다. 우리의 형제 된 피조물인 것이다. 그 안의 문명이나 문화도 결국은 그 연장선상에 있다. 그래서 하나님이 이를 긍정해 주시는 것이다. 물론 다 받아 주고 '좋다'고 말씀하시는 것은 아니다. 죄가 그 안에 들어와 있고, 악이 시스템과 구조 속에 들어와 있다. 타락한 것이다. 하지만 하나님은 이 세상을 근본적으로는 긍정하고 수용하며 역사를 주관해 가신다. 그래서 예수 그리스도를 이 땅에 보내신 것이다. 긍정하지 않는다면 소망하지 않으므로 예수 그리스도를 이 땅에 보내실 이유가 없다. 결국은 누가 뭐라 해도 이 세상은 하나님이 섭리하여 경영해 가시고, 역사의 마지막에는 완성해 가신다.

"내가 반드시 그렇게 할 것이다."

하나님의 자신감이다. 우리는 그 세계에 초대받아 살고 있다. 우리는 가인이 경험한 세상 속에 살고 있지 않다. 저주받은 세상으로 초대받은 것이 아니다. 만일 그렇게 생각한다면, 이는 굉장히 잘못된 세계관이다.

✦ 어떤 세상에 살고 있는가

창세기 4장에 보면 가인과 아벨의 이야기가 나온다. 가인이 아벨을 죽인 후 하나님으로부터 저주를 받는다. 자기가 살던 땅에서 뽑혀 온 세상을 유리하며 방황한다. 그런데 가인에게 이상한 내적 증세가 찾아온다. 자기가 만나는 사람들이 자기를 죽일까 염려하고, 두려워하고, 걱정하는 것이다. 그는 하나님께 기도한다.

"하나님, 세상에 있는 사람들이 나를 죽일 것 같습니다. 그러니 저를 불쌍히 여겨 표를 하나 주세요."

이에 하나님은 가인의 기도를 들어주신다.

"이것을 가지고 있으면 네가 죽임을 면하게 될 것이다."

그때부터 가인이 마음의 안정을 찾게 된다. 가인이 경험한 세상은 자신에게 적대적인 곳이었다.

우리는 죄와 악이 관영하여 우리를 해치려 하는 것 같은 세상, 늘 긴장한 채 있어야 하고 늘 전쟁터같이 느껴지는 세상에 살고 있지 않다. 그런데 세상은 자꾸 그런 마음들을 부추긴다. 회사에 가면 자꾸 그런 마음들을 갖도록 한다. 부모는 자녀에게 세상에서 열심히 살게 하려는 동기를 불어넣기 위해 이런 생각들을 집어넣는다.

"너, 바짝 긴장하고 살아야 해. 세상은 네가 생각하는 것처럼 그렇게 만만하지 않아. 세상은 전쟁터야."

그런데 주님이 가르쳐 주시는 세상은 그렇지 않다. 우리는 가인의 세상 속에 사는 것이 아니라 노아의 세상 속에 살고 있다. 가인이 살던 살벌한 세상은 하나님이 한 차례 물로 심판하셨다. 이후 하나님은 세상을 다시 만드셨다. 세계의 물질 같은 것들을 다시 만드신 것이 아니라, 판을 다시 짜셨다. 그리고 노아를 그 자리에 초대하셨다. 무지개 언약을 주며 다시는 세상을 물로 심판하지 않을 것이라고 약속하셨다. 그리고 노아를 안심시키셨다. 노아를 사랑해 주셨다.

무슨 뜻인가? 성경적으로 보면 우리는 가인의 후예가 아니라 노아의 후예다. 이것을 절대로 잊어서는 안 된다. 하나님의 저주가 아니라, 무지개 언약 속에서 시작된 인생이다. 이 부분은 믿는 자나 믿지 않는 자나 마찬가지다. 하나님의 일반 은총이라 말하는 패러다임 속에 있는 것이다. 음지와 양지에 골고루 비를 주시는 하나님, 독생자를 내어 주실 정도로 세상을 이처럼 사랑하시는 하나님으로부터 사랑받는 자인 것이다 (요 3:16). 세상은 사실 우리가 생각하는 것보다 훨씬 안전하고, 따뜻하고, 포근하다. 하지만 세상은 우리를 장악하기 위해 무섭고, 두렵고, 살벌한 곳이라고 자기를 선전한다. 그래서 한시도 경각심을 늦추지 못하게 만든다. 하지만 그것은 실상이 아니다. 성경적으로 보면 실제 세상은 그보다 훨씬 안전하고, 따뜻하고, 포근하다. 하나님의 품이기 때문이다.

여기서 질문이 나올 수 있다.

'그럼 내가 경험하는 세상은 왜 이리도 살벌하고 전쟁터같이 치열하게만 보이는가?'

실제 세상은 그렇지 않은데 그렇게 만드는 사람들이 있기 때문이다. 예수님 시대로 보면 가이사(황제) 같은 존재들이다. 가이사가 가진 힘이 어디서 나오는가? 칼과 마차와 요즘으로 보면 대포로부터 나온다. 그리고 가이사는 이 무력으로 세상을 통치하기를 원한다. 그가 가지고 있는 무기가 쓸모없어지면 사람들은 그것에 관심을 두지 않고, 그 앞에 굴복하지도 않는다. 농기구만 필요한 세상이면 칼과 대포는 별로 효용이 없다. 그래서 가이사는 어떻게 하는가? 사람들 속에 두려움을 집어 넣는다. 그들이 칼과 무력을 무서워하여 그 앞에 무릎 꿇도록 말이다. 그래야 그들을 다스리고 통치할 수 있기 때문이다. 방법은, 그것을 갖지 못한 사람들이 그것을 절대적으로 필요로 하게 하는 것이다. 그래서 세상에 전쟁을 일으키기도 하고, 세상이 정글이고 전쟁터라고 계속 가르치는 것이다.

"너희는 이것이 없으면 절대로 살 수 없다. 내 밑으로, 내 품으로 들어와라. 나의 칼과 대포로 너희를 안전하게 지켜 주겠다."

가이사를 예로 들었지만, 사실은 하나님 없는 세계사의 왜곡된 큰 흐름을 적나라하게 이야기하는 것이다. 이 사람들이 세상을 그렇게 만들려 하고 있다. 실제 세상이 그렇기 때문이 아니다. 예수님은 이 부분을 똑똑히 보고 계셨다. 그래서 이렇게 말씀하셨다.

"세상의 주관자들이 너희를 임의로 주관하는 것을 너희가 알거니와, 너희는 그렇지 않다. 진정한 세계, 실제 세계는 그렇지 않다."

그들이 이끌어 가는 현실 역사 속에 참 역사가 있다는 것이다. 실제 세계가 있다는 것이다.

〈매트릭스〉(The Matrix)는 그리스도인이라면 한 번은 볼 필요가 있는 영화다. 매우 영적인 이야기를 담고 있기 때문이다. 주인공 네오는 자기가 사는 세계가 꿈의 세계인지 현실 세계인지를 구분하지 못한다. 꿈꾸는 세계에서 살아가고 있는데 그것을 실제 세계라고 착각하며 살고 있다. 사실은 꿈의 연속이다. 그런데 네오를 꿈에서 깨어나도록 도와주는 모피우스라는 사람이 있다. 성경으로 치면 일종의 세례 요한이다. 어느 날, 그가 잠자고 있는 네오에게 찾아와서 그의 의식에 대고 이야기한다.

"네가 보고, 듣고, 느끼고, 경험하는 그 세계가 진짜 세계인지, 아니면 누군가에 의해 가공으로 만들어진 세계인지 어떻게 아는가?"

굉장히 중요한 질문이다. 우리는 우리가 느끼고 살아가는 세계가 실제라고 믿는다. 즉, 성경에서 예수님이 가르쳐 주시는 세계라고 믿는다. 그것은 착각이다. 사실은 세상이 입력하고, 주입하고, 교육해서 진짜 세계라고 믿도록 프로그램화한 것이다. 실제 세계는 성경이 가르쳐 주는 세계, 곧 하나님의 세계다. 물리적인 현실 한복판에 도도히 흐르는 하나님의 구원 역사의 현실, 이것을 묶어서 하나님 나라라고 이야기하는 것이다.

예수님이 보고, 듣고, 느끼고, 만지며 사셨던 세상은 어떤 곳인가? 가이사가 만들고 조작해서 우리에게 주입해 넣은 세상은 전쟁터요, 정글이었는데, 예수님이 보고 사셨던 세상은 어떤 곳이었는가? 하나님의 은혜로 충만한 세상이다. 하나님으로 흠뻑 적셔져 있는 세상이다. 하나님이 다스리고 통치하시기 때문이다. 이것을 보려면 세계관을 회개하여 영의 눈을 열어야 한다. 예수님은 그 안목으로 세계를 보셨다.

"공중의 새를 보라 심지도 않고 거두지도 않고 창고에 모아들이지도 아니하되 너희 하늘 아버지께서 기르시나니"(마 6:26).

85

안목을 회개하지 않은 사람에게 공중의 새는 그냥 새다. 미물에 불과하다. 먹이사슬 피라미드에 운명처럼 내던져져 생존을 위해 몸부림치고 살다가 죽어 가는 생명일 뿐이다. 그런데 예수님에게는 그 새가 전혀 다르게 보인다. 하나님의 사랑의 대상이다. 천부께서 살피고 돌보시는 당신의 형제 피조물이다. 들의 백합화 또한 그저 소리 없이 피었다가 지는 식물이 아니다. 이 또한 천부께서 살피고 돌보고 입히시는 보석 같은 생명이다. 이것이 예수님께서 보신 세상이고 참 세계다. 일컬어 하나님의 세계라 한다. 은혜로 충만한 세계요, 사랑과 은혜가 악과 죄를 뚫고 차고 넘치는 세계다. 이렇게 은혜로 충만한 세상 속에, 창조주는 알고 정하고 사랑하여 택한 자들을 초대하셨다. 그리고 들에 있는 백합화와 공중의 새보다 더욱 깊이 사랑하는 자들을 살게 하셨다. 하나님께 사랑받는 자들의 삶이 얼마나 안전하겠는가? 예수님은 바로 이 하나님의 은혜로 충만한 세상을 보면서 그 속에서 하나님을 만나고, 교제하고, 사랑함으로 십자가와 부활의 사명을 향해 길을 가셨다.

✦ 은혜의 현실을 직시하고 안목을 회개하라

하나님 나라는 이미 시작되었다. 가이사와 같은 세상 지배자가 통치하는 것 같지만, 그것은 겉껍데기일 뿐이다. 이 세계에는 여전히 하나님의 은총이 충만하게 차고 넘친다. 지금 여기에 하나님의 은혜가 충만하다. 그분이 이 세상을 사랑으로 섭리하며 통치하고 계신다. 그러면 또다시 질문이 찾아온다.

"예수님이 세상을 너무 나이브하게 보신 것이 아닌가? 세상은 죄와 악이 관영하며, 마귀는 악한 문화와 시스템을 통해 끈질기게 역사하고 있지 않은가?"

맞다! 세상 안에 죄와 악은 엄존한다. 그것 또한 현실이다. 육적 현실. 하지만 이 현실은 은혜의 현실을 절대로 이기지 못한다. 죄와 악은 절대로 하나님의 은혜를 좌절시키지 못한다는 말이다. 하나님의 은총이 때로는 그 죄와 악을 뚫고, 때로는 그것들을 역이용해서 이 세상 안에 충만하게 흘러넘친다.

창세기에 보면 두 세계가 나온다. 하나는 창세기 3장의 세계, 곧 아담의 죄악으로 인해 타락하여 저주받은 세계다. 이는 아담과 하와가 경험한 세계요, 가인이 살아야 했던 세계다. 또 하나는 창세기 8장의 세계, 곧 하나님이 세상을 홍수로 멸하고 새롭게 열어 가신 세계다. 이는 노아가 방주에서 나와 살기 시작한 새로운 세계다. 우리는 무지개 언약을 주며 생육하고 번성하라고 축복하신 세계에서 살고 있다(창 9:7, 13). 하나님이 우리를 그 세계에 초대하셨다. 무슨 뜻인가? 우리는 아담-가인의 계보를 이은 저주 받은 백성이 아니라, 아담-노아의 계보를 이은 언약 백성이다. 죄와 악은 세계라는 하나님의 동산을 헤집는 여우 새끼일 뿐, 절대로 그 동산을 파괴할 수 없다.

거기에 더해서, 성부 하나님은 이 세상 속에 남은 죄와 악과 마귀의 힘을 멸하려고 성자 예수님을 보내어 십자가의 전투를 치르게 하셨다. 그리고 예수님이 이 죄와 마귀와 사망의 권세를 꺾고 부활하셨다.

"그리스도 안에 있으면 새로운 피조물이라 이전 것은 지나갔으니 보라 새것이 되었도다"(고후 5:17).

심령의 새로움과 개인의 갱신만을 말하는 것이 아니다. 그 것은 기독교 신앙을 내면화해 버리는 것이다. 세계의 갱신이요, 새로운 세상이 실제로 열린 것이다. 부활 이후에 세상은 실제로 새롭게 '총괄 갱신'(total recapitulation)되기 시작했다(이레나이우스[Irenaeus]). 그리고 예수님으로 하여금 이 세상을 통치하게 하신 것이다. 에베소서 1장 20-22절을 보라.

> "그의 능력이 그리스도 안에서 역사하사 죽은 자들 가운데
> 서 다시 살리시고 하늘에서 자기의 오른편에 앉히사 모든 통
> 치와 권세와 능력과 주권과 이 세상뿐 아니라 오는 세상에 일
> 컫는 모든 이름 위에 뛰어나게 하시고 또 만물을 그의 발아래
> 에 복종하게 하시고 그를 만물 위에 교회의 머리로 삼으셨느
> 니라."

만물을 그분의 발아래 복종하게 하셨다. 만물은 스스로 서
있는 것이 아니다. 그러므로 이 만물 속에 있는 물질의 맘모니
즘(mammonism)에 빠져서는 안 되고, 이를 추앙해서도 안 되며,
이를 신격화해서도 안 된다. 그럴 이유가 없기 때문이다. 이를
손에 쥐려고 달려가는 문명의 흐름은 절대 기독교적인 것이
아니다.

결론적으로, 그리스도께서 세상을 다스리신다! 그리스도께
서 통치하신다! 이 통치가 실제로 시작되었으니 이것이 완성
될 수 있도록 우리를 사명자로 부르신다는 것이다. 그전에 예
수님이 통치하시는 이 세상에 우리 각 사람을 초대하셨다. 우
리의 인생이 시작된 것이다. 이 인생이 이제 어떻게 보이는

가? 어떻게 느껴지는가?

우리에게는 왜 하나님의 세계가 안 보일까? 왜 예수님께서 보신 하나님의 은혜로 충만한 세상이 안 보일까? 세상이 왜 만만하지 않고 심지어 두렵게 느껴지기까지 할까? 우리 내면에 예수님이 들어오셨는데, 예수님의 십자가가 가진 속죄/대속 신앙에 우리의 신앙이 갇혀 있어 거기서 한 발 더 나아가지 못하기 때문이다.

이제는 우리 눈에 덮인 비늘이 벗겨져야 한다. 눈에서 비늘이 벗겨진 바울은 그제야 비로소 예수님이 부활하신 새로운 세계를 보기 시작했다. 우리 눈에 덮인 비늘이 벗겨져야 물리적 현실을 뚫고 하나님의 은혜가 역사하시는 세상이 실제로 보이고, 느껴지고, 만져지기 시작한다. 이때는 이 사람이 전혀 다르게 살기 시작한다.

세리장 삭개오는 본래 가인의 세상 속에 살았다. 그에게 세상은 두렵고 무서운 곳이었다. 살아남기 위해서라도 손아귀에 물질을 쥐고 있어야 했다. 그런데 어느 날, 자신이 메시아 예수님께 엄청나게 사랑받고 있다는 것을 알게 되었다. 그러고 나서 보니 세상은 하나님의 은혜로 가득 찬 곳이었다.

'내 인생은 내가 생각한 것보다 훨씬 안전하구나.'

이것이 깨달아지니 어떻게 반응하는가? 스스로 무장 해제

하기 시작한다. 자신이 가지고 있는 것을 연약한 자들을 위해 나누어 주겠다고 결심한다. 윤리적으로 그렇게 살아야겠다는 것이 아니라, 거짓 세상을 벗어 버리고 하나님의 은혜의 세계가 보이면서 그 안에서 어떻게 살아야 하는지가 자연스럽게 보여 그것에 반응하기 시작한 것이다. 그런데 우리는 예수를 믿는데도 아직 눈에 덮인 비늘이 벗겨지지 않아서 세상이 프로그램화하고 교육한 현실, 육안에 잡혀서 아직도 이 물리적 세계만 보고 살아가는 것이다.

이제는 안목을 회개해야 한다. 못된 짓을 하고 회개하는 것과는 다르다. 우리가 이때까지 바라본 것과는 다른 시야에서 세계를 다시 보기 시작하는 것, 이것이 회개다. 우리 안에서 세상을 보는 안목을 회개하는 역사가 일어나야 한다. 우리 모두 기도해야 한다.

"하나님, 예수님께서 보셨던 그 세상을 보게 해 주십시오. 저의 영안을 열어 주십시오. 저의 눈의 비늘이 벗겨지게 하시어 세상이 프로그램화하고 교육을 통해 주입한 세계관을 벗어 버리게 해 주십시오. 세상은 먹이사슬 피라미드 속에서 가장 상위의 포식자가 되지 않으면 살아갈 수 없을 것처럼 이야기합니다. 주님, 저의 영안을 열어서 이 육으로 세상을 보던 것을 회개하게 하시고, 예수님이 십자가로 부활하신 새로운 세상을 보며 살게 해 주십시오!"

이렇게 기도할 때 하나님이 우리의 심령 속에 놀라운 은혜를 허락하실 것이다.

나눔과 적용

1. 당신은 세상을 어떤 눈으로 바라보고 있는가? 부정적인 눈(세상을 경시함/세상을 악마화함/세상을 신격화하고 절대화함)인가, 아니면 긍정적인 눈(하나님이 주관하여 다스리심을 믿음)인가? 그렇게 보는 이유는 무엇인가?

2. 예수님이 말씀하신 세계(진짜 세계)와 우리가 인식해 온 세계(조작된 세계)의 차이점은 무엇인가? 우리가 세상을 부정적이고 폭력적인 곳으로 인식하는 이유는 무엇인가?

3. 안목을 회개하는 기도를 드리고 세상을 하나님의 눈으로 볼 것을 결단하자.

"사흘째 되던 날 갈릴리 가나에 혼례가 있어 예수의 어머니도 거기 계시고 예수와 그 제자들도 혼례에 청함을 받았더니"(요 2:1-2).

"그러므로 내가 너희에게 이르노니 목숨을 위하여 무엇을 먹을까 무엇을 마실까 몸을 위하여 무엇을 입을까 염려하지 말라 목숨이 음식보다 중하지 아니하며 몸이 의복보다 중하지 아니하냐 공중의 새를 보라 심지도 않고 거두지도 않고 창고에 모아들이지도 아니하되 너희 하늘 아버지께서 기르시나니 너희는 이것들보다 귀하지 아니하냐 너희 중에 누가 염려함으로 그 키를 한 자라도 더할 수 있겠느냐 또 너희가 어찌 의복을 위하여 염려하느냐 들의 백합화가 어떻게 자라는가 생각하여 보라 수고도 아니하고 길쌈도 아니하느니라 그러나 내가 너희에게 말하노니 솔로몬의 모든 영광으로도 입은 것이 이 꽃 하나만 같지 못하였느니라 오늘 있다가 내일 아궁이에 던져지는 들풀도 하나님이 이렇게 입히시거든 하물며 너희일까 보냐 믿음이 작은 자들아"(마 6:25-30).

5. 인생관에 대한 회심

움베르토 에코(Umberto Eco)가 쓴 《장미의 이름》이라는 소설이 있다. 이야기를 보면, 이탈리아에 있는 한 수도원에서 연쇄 살인 사건이 발생한다. 수도사 윌리엄이 수사 팀장이 되어 사건을 파헤치게 되는데, 죽은 사람들이 하나같이 특정한 책에 묻어 있는 독에 의해서 사망한 것으로 밝혀진다. 이 책은 유머와 웃음이 담겨 있는 소설이다. 고대 철학자 아리스토텔레스(Aristoteles)가 웃음과 해학을 담은 책을 썼는데, 그것이 이 소설의 배경인 중세에는 사라진 줄 알았지만 다시 발견되었고, 그 책을 읽은 사람들이 동일한 원인으로 사망하게 된 것이다. 결국 윌리엄은 동료 수도사인 호르헤를 범인으로 지목하게 되고, 호르헤가 이 비밀스러운 책에 독극물을 묻혀서 의도적으로 타살한 것임이 밝혀지게 된다. 취조 중에 범인은 이런 이야기를 하며 항변한다.

"생전에 예수는 웃지 않았다. 그분이 웃으셨다는 기록은 어디에도 없다. 우리 수도회 회칙은 경거와 망동을 다음과 같이 금하고 있다. 거룩한 곳을 소란케 하는 희롱과 잡담과 웃음은 어디서든지 금한다. 수도자들이 이러한 언사들에 가담하여 입을 여는 것을 허락하지 않는다. 그래서 우리 수도원은 엄숙주의를 고수한다."

엄숙해야 할 수도원에서 해학이 담긴 책이나 찾아내어 읽어 대는 수도사들은 죽어 마땅하다는 뜻이다. 이 소설과 영화의 영향으로 한때 문학계에서는 예수님이 웃으셨는가를 놓고 이런저런 화제가 되었었다. 《예수의 웃음》(동아일보사 역간)이라는 책도 출간되었다. 당신은 어떻게 생각하는가? 예수님께서 이 땅에 사시는 동안에 웃으셨을까? 그에 대해 쉽게 답할 수 있는가? 네 권의 복음서에 예수님이 우셨다는 내용은 나오지만, 웃으셨다는 내용은 한 군데도 나오지 않는다. 이 질문에 답하기 위해서는 예수님의 내면세계를 들여다봐야 한다. 그분의 내면세계를 들여다봐야 그분이 어떤 세계관과 인생관을 갖고 사셨는지를 알 수 있고, 이 부분에 대해서 답을 내릴 수 있다.

✦ 예수님의 내적 정서, 기쁨

앞 장에서는 예수님께서 보고 사셨던 세상에 대해 이야기했다. 주님이 보셨던 세상은 하나님의 은혜로 충만한 곳이었다. 우리가 가진 죄에 물들어 있는 물리적인 촉각을 내려놓고 우리 안에서 진동하고 메아리치는 성부 하나님의 "내가 너를 사랑한다. 내가 너를 기뻐한다"는 음성 속에서 세상을 보면 창조주가 만드신 놀라운 것들이 보이기 시작하는 것이다.

'아! 내 은혜가 내게 족하구나.'

은혜로 충만한 세상이었다. 그런데 예수님이 사신 인생은 어떠했는가? 그분의 인생의 목적지는 십자가다. 최종 목적지가 십자가인 것이다. 끝이 좋으면 다 좋다. 반면에 끝이 나쁘면 중간에 아무리 좋은 일이 일어나도 그것은 의미가 없다. 그래서 사람들은 인생의 끝이 죽음이라는 사실 때문에 생의 중간에 찾아오는 허무함에 치를 떨기도 한다. 그런데 예수님의 끝은 그냥 죽음이 아니라, 당시로는 가장 고통스러운 십자가 죽음이다. 얼마나 비통하셨겠는가? 게다가 예수님은 세상 죄를 지고 가는 어린양이시다. 그분에게 세상의 모든 죄악의 무게가 다 얹어져 있다. 세상 속에서 일어나는 온갖 학살, 살인, 약탈, 음모, 기만 등 죄악의 모든 실체가 다 감지된다. 영적으로 그만큼 민감한 분이었기 때문이다. 그것이 예수님께 다 감지되었을 때, 주님은 얼마나 아파하며 고통스러워하셨을까? 이를 종합하면 예수님의 내적 정서는 호르헤가 주장하듯이 엄숙함과 비장함일 것 같다. 그런데 이분은 공중에 나는 새를 보며 천부의 사랑을 노래하신다. 들에 핀 백합화를 보며 천부의 자비하심을 찬양하신다. 놀라운 일이다!

요한복음을 보면 공관 복음은 잘 주목하지 않는 예수님의 내적 정서를 엿볼 수 있다. 요한복음 15장 11절을 보라.

"내가 이것을 너희에게 이름은 내 기쁨이 너희 안에 있어 너희 기쁨을 충만하게 하려 함이라."

요한복음이 기록하고 있는 예수님의 내적 정서는 바로 '기쁨'이다. 예수님은 평생 고생만 한 분인데, 마지막에는 온 인류의 죄를 다 끌어안고 십자가에서 죽으셨는데 그분께 기쁜 일이 무엇이 있었을까 싶다. 그런데 위의 말씀을 보면 예수님이 무엇때문에 기쁘셨는지가 분명하게 나온다. "내가 이것을 너희에게 이름은." 무슨 뜻인가? '앞에 있는 10절의 내용을 내가 너희에게 말하는 이유는'이라는 뜻이다. 요한복음 15장 10절을 보라.

"내가 아버지의 계명을 지켜 그의 사랑 안에 거하는 것같이 너희도 내 계명을 지키면 내 사랑 안에 거하리라."

즉, 이를 말씀하시는 이유는 무엇인가?

"내 계명에 순종해서 내 사랑 안에 머물라고 너희에게 말하는 이유는 내 기쁨이 너희 안에도 있어 너희의 기쁨을 충만하게 하려는 것이다."

어렵지만 굉장히 중요한 대목이다. '내 기쁨', 즉 예수님의 기쁨은 '아버지의 계명을 지켜 그 사랑 안에 거하면서 얻는 기쁨'이다. 성부의 뜻에 순종하면서 얻는 기쁨이라니? 현대인에게는 도대체 이해가 안 되는 기쁨이다. 현대인에게 순종은 억압적, 굴복적 이미지를 갖고 있다. 반면에 예수님의 순종은 성부의 뜻에 반응하면서 찾아오는 참된 기쁨을 가져온다. 사랑으로 역사하는 순종이기 때문이다. 성부께서 당신을 얼마나 사랑하시는지를 알기 때문에, 이제는 당신도 이 성부를 너무너무 사랑한다.

사랑은 사랑을 낳는다. 우리가 누군가를 사랑하면 그도 다른 누군가를 사랑한다. 나를 사랑할 수도 있고, 다른 누군가를 사랑할 수도 있고, 나를 포함한 모두를 사랑하기 시작할 수도 있다. 사랑은 이렇게 사랑을 낳는다. 성부가 성자를 사랑하시니이 성자가 그 성부를 사랑하신다. 그래서 늘 '아버지가 무엇을 좋아하실까? 무엇을 기뻐하실까?'에 성자의 마음이 가 있다.

누군가를 사랑하면 그렇지 않겠는가? '지금 무엇을 할까? 점심은 무엇을 먹고 있을까? 내게 무엇을 원할까? 내가 어떻게 하면 더 행복해할까?' 하며 늘 생각하지 않겠는가? 그가 행복해하는 것을 보면 내가 행복하다. 사랑하기 때문이다. 이것은 에로스(eros)건 아가페(agape)건, 인간적인 사랑인 필레오(phileo)건 다 마찬가지다. 그래서 사랑하는 사람이 원하는 것을 해 주면 내가 기쁘다. 별로 공감이 되지 않는다면 그런 사랑을 받고만 싶지, 그런 사랑을 해 본 적도 없고, 하고 싶지도 않기 때문이 아닐까? 성숙해 가면 우리에게 사랑할 수 있는 능력을 주실 것이라 믿는다.

사랑하는 자가 와 달라고 해서 천 리 길을 달려가는데 그 길이 하나도 힘들지 않다. 그 걸음이 너무너무 가뿐하다. 그 안에 기쁨이 충만하다. 연애를 해 본 사람이라면 안다. 충만한 정도가 아니라, 기뻐서 가슴이 펄펄 뛴다. 이것이 예수님의 기쁨이다. 인간인 우리도 누군가를 사랑하면 가슴이 뛰는데, 예수님의 사랑이 우리보다 열 배, 백배나 컸다고 본다면 그 기쁨도 그만큼이 되지 않겠는가? 그런데 이 기쁨이 우리하고는 너무 다른 종류다. 무슨 기쁨인가? 순종의 기쁨이다. 사랑하는 분의 뜻을 행할 때 찾아오는 기쁨이다. 예수님께서 사랑하시는 아버지가 당신 안에 늘 들어와 계신다. 그래서 예수님 안에는 하나님으로 꽉 차 있다. 이것이 그분의 정체성이다. 성부가 원하시는 것이 곧 당신이 원하시는 것이다.

이런 현존감을 가진 분이 이제 아버지가 만드신 창조 세계를 본다. 당신을 사랑하듯이 작은 새 한 마리도 허락 없이는 땅에 떨어뜨리지 않으시는 이 천부의 아주 섬세하고 정교하며 자상한 사랑. 그분은 그 사랑 안에 천부의 형상으로 만든 사람들과 함께 살고 있는 것이다. 이들을 바라보는 예수님의 눈빛이 어땠을까? 십자가를 생각하며 비장하고 엄숙했을까? 아니다. 얼마나 정겹고 따뜻했을지, 얼마나 애틋했을지 알 수 있다. '저들이 죄만 아니면 저 모습보다 훨씬 아름답게 살 수 있는데' 하며 얼마나 애틋해하셨을까? 이것이 진실이라면 예수님의 기쁨은 일시적인 감흥이나 감정이 아니다. 성부와 완전히 연합되어 있기에, 눈을 뜰 때부터 감을 때까지 내면에서 콸콸 솟아나는 샘물과 같은 정서다. 이것을 요한복음에서는 '생명'이라고 말하는 것이다. 여기서 순종과 사랑이 나온다.

예수님은 어떤 분이었는가? 그분은 기쁨으로 충만한 분이었다. 여기서 기쁨은 쾌감(pleasure)이 아닌 희락(joy)이다. 예수님은 기쁨으로 존재 전체가 완전히 절어 있는 분이었다. 그렇다면 예수님은 웃으셨을까, 안 웃으셨을까? 속에는 내적 기쁨이 충만한데 웃지 않는 존재를 우리는 상상할 수 없다. 당연히 웃으셨다. 제자들과 대화하면서 흐드러지게 웃으시고, 가나의 혼인 잔치에 가서 제자들과 함께 포도주와 잔치 밥을 드시며 함박웃음을 짓고 축하하셨을 것이다. 천부께서 주셨던 사랑을 당신 앞에 있는 사람들에게 한없이 쏟아 부으면서 그들에게 한없는 웃음을 던지셨을 것이다. 하나님 나라를 가르치면서 소망이 충만하여 환히 웃으실 때는 그 얼굴에서 광채가 났을 것이다. 하나님이 주신 세상, 하나님이 사랑하여 베푸신 인생 잔치에서 살아가면서 주님은 웃고 또 웃으셨을 것이다.

물론 예수님은 십자가를 지셨다. 이 세상의 모든 죄를 양어깨에 메셨다. 하지만 주님은 그 엄청난 죄와 악의 무게감을 견디셨다. 그 무게감보다 훨씬 거대한 무게감으로 우리를 사랑하시기 때문이다. 너무나 사랑하기에 우리를 위한 십자가를 자유함으로 기꺼이 지셨던 것이다. 그래서 그것을 감당하려 했고(의지), 감당하셨다(능력). 그리고 그 안에 또 다른 차원의 기쁨이 충만하다. 이 기쁨을 지금 당신의 사람들에게 주고 싶어 하시는 것이다.

"내가 이것을 너희에게 이름은 내 기쁨이 너희 안에 있어 너희 기쁨을 충만하게 하려 함이라"(요 15:11).

그래서 우리를 위해 십자가를 지신 것이다.

한때 한국 교회 안에서 예배 때 박수치는 것을 놓고 논쟁이 있었다. 경건하고 엄숙한 예배 시간에 어떻게 박수를 치느냐는 것이다. 물론 그렇게 생각할 수도 있지만, 시각을 전환해 보자. 하나님이 누구신가? 우리의 아버지시다. 그리고 우리는 하나님의 자녀다. 자녀가 아버지 되신 하나님 앞에서 서로 기뻐하고 좋아하면 안 되는 것일까? 형제자매가 하나님 앞에서 찬양하며 박수쳐서는 안 되는 것일까? 하나님 아버지가 이것을 기뻐하지 않으실까? 물론 기뻐하실 것이다. 육체의 부모보다 더 기뻐하실 것이다.

"내 기쁨이 너희 안에 있어 너희 기쁨을 충만하게 하려 함이다. 그래서 세상이 알거나 보지 못하는 기쁨을 주려고 십자가를 지는 것이다."

이것이 요한복음이 바라보는 예수님의 내적 정서다.

✦ 그리스도의 완전한 승리, 안전한 인생

예수님이 당신의 사람들에게 무엇을 주시려 했는지 정확하게 간파한 사람이 사도 바울이다.

"항상 기뻐하라 쉬지 말고 기도하라 범사에 감사하라 이것이 그리스도 예수 안에서 너희를 향하신 하나님의 뜻이니라"(살전 5:16-18).

이에 대해 질문이 나온다.

'인생은 항상 기뻐할 만하고 아름다운 것인가? 정말 우리의 기쁨이 충만하도록 하나님이 인생 안에 무엇인가를 만들어 놓으셨는가?'

당연히 그렇다. 예수님께서 죽음을 앞두고 마지막으로 하셨던 말씀을 기억하는가?

"다 이루었다"(요 19:30).

무엇을 다 이루셨는가? 속죄제로 인간의 죗값을 치르는 일을 다 이루셨다. 이것이 다가 아니다. 당신의 제자들이 말씀을 붙들고 인생에 도전하면 주님이 당부한 대로 이루어질 바탕을 다 이루셨다는 말씀이다. 순종과 사랑하는 분을 섬기는 기쁨이 얼마나 큰지를 경험하고 감격할 수 있는 토대를 다 이루셨다는 말이다. "내가 너희를 보냄이 어린양을 이리 가운데로 보냄과 같도다"(눅 10:3)라고 말씀하시고 당신의 제자들을 세상에 파송하셨다. 어린양을 이리 떼 가운데 보내도 그 어린양이 절대로 상하거나 해를 당하지 않는 세상의 토대를 시작해 놓고 죽으신 것이다. 십자가와 부활이 있기 전에도 인생길은 우리가 통념으로 생각하는 것보다 훨씬 안전했다. 인생길에서 우리를 사랑하는 하나님이 돌보시기 때문이다.

"그러므로 염려하여 이르기를 무엇을 먹을까 무엇을 마실까 무엇을 입을까 하지 말라 이는 다 이방인들이 구하는 것이라 너희 하늘 아버지께서 이 모든 것이 너희에게 있어야 할 줄을 아시느니라"(마 6:31-32).

무엇을 먹을까 무엇을 입을까 하는 것은 물리적인 세계관에 갇혀 사는 이방인들이 구하는 것이다. 하늘 아버지께서는 이 모든 것이 우리에게 있어야 할 줄을 아신다(마 6:32). 하지만 예수님이 죄와 죽음의 세력을 꺾고 부활하신 이후에는 그 이전보다도 압도적으로 안전한 인생이다. 그냥 안전한 정도가 아니라 원수의 잔재를 이기고 승리하도록 우리를 이끌어 주신다. 그렇기에 사자로 살지 않고 양으로 살아도 충분하다. 표범으로 살지 않고 양으로 살아도 이리 떼 속에서 승리할 수 있다. 그래서 양의 존재로 보내시는 것이다. 이것을 위해 주님이 십자가를 먼저 지신 것이다. 당신이 이 땅에서 누리셨던 축복, 하나님의 아들의 축복을 당신을 따르는 사람들도 다 누릴 수 있도록 해 놓고 죽으신 것이다. 그것이 십자가의 죽음이고, 부활은 그 확증이다. 그리고 이제 우리를 당신의 인생길에 초대하신다. "나를 따르라."

당신은 기쁨으로 따르겠는가, 아니면 억지로, 마지못해 따르겠는가? 주의 그 기쁨에 기꺼이 참여하는 마음으로 따르기를 바란다.

✦ 인생, 광야가 아닌 축복의 길

새문안교회에 처음 왔을 때 두 번째 설교 후 30대 중반의 청년이 던졌던 말을 잊을 수가 없다.

"목사님, 제가 생각할 때 제 인생은 저주받았습니다. 그런데 목사님은 다르게 이야기하시네요?"

실족한 인생인 것 같아 안타까웠다. 하지만 더욱 깊은 곳에서 움직이는 인생의 진면목을 이제는 그가 마음을 열어 보기를 바란다.

그의 인생은 정말 저주받았을까? 인생이 실제로 저주받은 것이 아니라, 그렇게 말하는 순간 그 사람이 자신의 인생을 저주하고 있는 것이다. 예수님을 믿고 눈을 열어 하나님이 만드신 세상을 다시 봐야 한다. 그리고 자신의 인생이 얼마나 놀라운 은혜의 잔치로 초대받고 있는지 영안을 열어 봐야 한다. 인생은 저주가 아니라 축복이다. 흔히 인생길을 광야라고 하지만, 그것은 물리적인 현실로 보는 해석이다. 이스라엘 백성은 물리적으로 40년 동안 분명히 광야를 걸었다. 하지만 그 안으로 들어가 보면 은혜의 현실이 도도하게 역사한다. 하나님은 그들을 밀착해서 돌보셨고, 낮에는 구름 기둥, 밤에는 불기둥으로 이끌어 주셨다. 자기들도 먹지 못하고 조상들도 맛보지 못했던 만나와 메추라기를 직접 가져와 이들 앞에 쥐어 주셨다. 이것이 은혜의 현실이다. 그래서 이분을 따라간 모세와 갈렙과 여호수아 같은 사람은 광야지만 아주 의연하고, 평화롭고, 행복했다.

결론적으로, 인생길은 광야가 아니라 축복의 길이다. 고생을 해도 축복의 길이다. 꽃길은 아니지만 행복한 길이다. 이 광야의 의미를 신명기가 말씀한다.

"너를 낮추시며 너를 주리게 하시며 또 너도 알지 못하며 네 조상들도 알지 못하던 만나를 네게 먹이신 것은 사람이 떡으로만 사는 것이 아니요 여호와의 입에서 나오는 모든 말씀으로 사는 줄을 네가 알게 하려 하심이니라"(신 8:3).

인생의 본질은 물질이 아니라는 뜻이다. 인생을 살게 하는 참된 힘(능력)은 우리 입에 들어가는 물리적 에너지원이 아니라 하나님의 말씀, 우리를 사랑하시는 그분의 입에서 나온 말씀이다. 결국 이것으로 인생을 살아가는 것이다. 이를 경험할 수 있는 절호의 기회가 광야다. 그런데 왜 광야가 저주의 길인가?

이 장을 읽으며 부딪혀 온 것이 있다면 기도할 수 있게 되기를 바란다. 당신 안에 하나님이 주신 인생에 대해 티끌만큼이라도 부정적이고 비관적이고 저주스러운 파편이 들어와 있다면 그것을 당신 안에서 몰아내 달라고 기도할 수 있기를 바란다. 아직 인생을 다 해석하지 못해서 그렇지, 당신이 살아야 했던 인생 속에 반드시 하나님의 축복이 있다는 것을 믿을 수 있게 되기를 바란다. 그러기 위해서는 인생을 보잘것없고 초라하게 여겼던 자신을 회개해야 한다. 인생에 온갖 교만한 것들을 덧칠해 놓고 순종의 참된 기쁨을 놓치고 살았던 자신을 회개해야 한다.

개인적으로 이번에 안식년을 가지면서 주님이 주셨던 가장 큰 축복이 바로 이 부분이다. 사역을 바라보는 전망을 완전히 다르게 해 주셨다. 순종은 해야 하기에 하는 것이 아니라, 이 속에 엄청난 기쁨이 있다는 것을 깨닫고 주님 앞에서 회개했다. 우리 모두 순종의 참된 기쁨을 회복하고 발견하게 해 달라고 기도할 수 있기를 바란다. 그래서 은혜와 기쁨으로 충만한 인생길이 되기를 축복한다.

나눔과 적용

1. 예수님의 내적 정서는 '기쁨'이다. 당신의 내적 정서는 무엇인가?

2. 당신은 예수님을 마지못해 따르는가, 아니면 기쁨으로 따르는가? 마지못해 따르고 있다면 그 이유는 무엇인가?

3. 인생길이 고생스러워도 광야가 아니라 축복의 길인 이유는 무엇인가? 당신은 그 이유를 얼마만큼 긍정하는가?

"이르되 내가 동산에서 하나님의 소리를 듣고 내가 벗었으므로 두려워하여 숨었나이다"(창 3:10).

"온 땅의 언어가 하나요 말이 하나였더라 이에 그들이 동방으로 옮기다가 시날 평지를 만나 거기 거류하며 서로 말하되 자, 벽돌을 만들어 견고히 굽자 하고 이에 벽돌로 돌을 대신하며 역청으로 진흙을 대신하고 또 말하되 자, 성읍과 탑을 건설하여 그 탑 꼭대기를 하늘에 닿게 하여 우리 이름을 내고 온 지면에 흩어짐을 면하자 하였더니 여호와께서 사람들이 건설하는 그 성읍과 탑을 보려고 내려오셨더라 여호와께서 이르시되 이 무리가 한 족속이요 언어도 하나이므로 이같이 시작하였으니 이후로는 그 하고자 하는 일을 막을 수 없으리로다 자, 우리가 내려가서 거기서 그들의 언어를 혼잡하게 하여 그들이 서로 알아듣지 못하게 하자 하시고 여호와께서 거기서 그들을 온 지면에 흩으셨으므로 그들이 그 도시를 건설하기를 그쳤더라 그러므로 그 이름을 바벨이라 하니 이는 여호와께서 거기서 온 땅의 언어를 혼잡하게 하셨음이니라 여호와께서 거기서 그들을 온 지면에 흩으셨더라"(창 11:1-9).

6. 병든 세계관,
죄의 힘이 가져온 결과

계속해서 세상을 보는 바른 관점에 대해 이야기하고 있다. 물리적 현실에 갇혀 하나님의 현실, 즉 은혜로 엮이는 사랑 받고 사는 자의 현실을 보지 못하는 삶에 대해 말해 왔다. 우리의 감각이 병들었기 때문이다. 이 장에서는 소위 우리의 오감(五感)이 어떻게 해서 병들었는지, 왜 우리가 예수를 믿으면서도 하나님을 경험하는 데는 이렇게 둔해졌는지 그 현상을 설명하려고 한다.

✦ 두려움, 잘못된 사랑의 결과

사람이 살면서 가장 많이 경험하는 심리적 증상은 아마 두려움일 것이다. 사람은 항상 무엇인가를 생각하면서 두려워한다. 앞날이 두렵고, 살 일이 막막하여 두렵고, 일이 잘 안 풀릴까 봐 두렵고, 실패할까 봐 두렵고, 자신이 소중히 여기는 가치가 훼손될까 봐 두렵다. 보수는 진보를 보면서 나라를 망칠 사람들인 것 같아 두렵고, 진보는 보수를 보면서 과거와 현재의 관행이 덫이 되어 미래를 망치게 될까 봐 두렵다.

살다 보면 모든 것이 두렵다. 이는 믿는 사람도 마찬가지다. 교회를 사랑하는 사람은 교회가 잘못될까 봐 두렵고, 전통 교회를 오래 섬긴 사람들은 새로운 흐름에 의해 그 전통의 고유한 가치가 훼손되거나 상실되어 버릴까 봐 두렵다. 나도 수시로 이런저런 일로 두려움이 찾아온다. '사명지로 보내셨는데 그 뜻을 못 이루면 어떡하지? 힘겹게 걸어온 믿음의 길이 유종의 미를 거두지 못하면 안 되는데' 하고 두려웠다.

이런 모든 두려움은 가만히 보면 공통점을 갖고 있다. 우리 안에 찾아온 두려움은 무엇인가를 표지판처럼 암시한다. 두려움은 어느 날 불쑥 찾아오는 것이 아니다. 우리가 무엇인가를 사랑하거나 더 나아가 애착하기에 그 반대 면에서는 두려워하는 것이다. 자녀를 너무나 사랑하기에 자녀가 잘못될까 봐 두렵다면 애착이다! 애착은 항상 두려움을 수반한다. 사랑이 애착이 되고, 그 애착이 짙어지면 집착이 된다. 그 애착하

는 것을 상실할까 봐 불안한 마음이 두려움이 되고, 그 두려움
이 점점 커지면 나중에는 공포로 자란다.

물론 모든 사랑이 두려움을 갖고 오지는 않는다. 건강하고
온전한 사랑이라면, 거기에는 오히려 두려움이 없다.

> "사랑 안에 두려움이 없고 온전한 사랑이 두려움을 내쫓나
> 니"(요일 4:18).

잘못된 태도와 방식으로 사랑하기에 두려움이 찾아오는 것
이다. 두려움에 직면한 사람은 거기에서 벗어나려고 무슨 일
을 꾸미게 된다.

✦ 하나님의 안목을 잃어버리다

아담과 하와가 선악과를 따 먹고 그들 안에 죄가 들어간 후 최
초로 경험한 내면의 증세가 두려움이다. 두려움이 죄 아래 있
는 인간의 가장 밑바닥 감정이라는 뜻이다. 창세기 3장은 인
간 안에 죄가 들어오고 난 후에 어떤 일이 일어나는지를 현상
학적으로 필름처럼 찍어 보여 준다. 뱀이 유혹했다.

"너희가 그것을 먹는 날에는 너희 눈이 밝아져 하나님과 같이
되어 선악을 알 줄 하나님이 아심이니라"(창 3:5).

결국 하와가 선악과를 먹고 아담에게 주었다. 이들은 하나
님을 신뢰하는 대신에 자신들 소유의 지혜를 원했다는 뜻이
다. 그러자 이들 안에 특이한 연쇄 반응이 찾아왔다.

"이에 그들의 눈이 밝아져"(창 3:7상).

뱀이 예고했던 대로 실제로 눈이 밝아졌다. 계몽된(en-lightened)
것이다! 그런데 그렇게 눈이 밝아진 이들이 전과는 다른 행동을
시작한다.

"자기들이 벗은 줄을 알고 무화과나무 잎을 엮어 치마로 삼았
더라"(창 3:7하).

선악과를 먹기 전에는 벗은 줄을 몰랐다. 벗었지만 서로 부
끄러워하지 않았다(창 2:25). 왜였을까? 하나님이 만드신 그대
로 서로가 서로를 보았기 때문이다. 하나님은 이들을 만든 후
에 보기에 너무 좋고 아름답다고 말씀하셨다. 이 자체로 충분

했다. 마찬가지로 이들도 서로를 볼 때 벗었든 입었든 그 자체로 충분했고, 그 자체로 상대방과 자신을 사랑하고 수용했다. 이렇게 자신을 보는 눈으로 옆의 형제자매와 세상을 보는 안목이 영안, 즉 하나님의 안목이다. 죄가 들어오기 전에는 하나님과 연합되어 있었기에 그분의 안목으로 세계를 본다. 그 세계 안에 있는 우리 자신과 이웃, 형제 피조물이 보인다. 그것은 보기에 참으로 아름답다! 그런데 선악과를 먹고 눈이 밝아지니 아름답게 보였던 것들은 사라지고 '벗은' 자기들이 보인다. 그래서 무화과나무 잎을 엮어 치마로 삼는다. 수치심이 찾아왔다는 뜻이다. 옷을 벗은 자신을 보고 수치심을 느끼는 것이다.

여기서 질문이 찾아온다. 죄가 들어오니 눈이 밝아지고, 그 눈으로 보니 벌거벗은 자신들이 보여 부끄러움을 느끼도록 평가하고 판단하는 주체는 누구인가? 하나님은 아니시다. 하나님은 보기에 좋았다고 하셨다. 그럼 누구인가? 아담 자신이다. 그러면 선악과를 먹어 죄가 들어오기 전에는 아담이 자신을 벗어서 부끄러운 사람으로 보지 않았는데, 지금은 왜 이렇게 벗은 것을 수치스러워 하는가? 지금 아담 안에 다른 무엇인가가 들어와 자기와 하와(이웃)와 세상을 전과는 다르게 평가하며 판단하고 있다는 뜻이다. 이전에는 없던 다른 무엇인가가 아담 속에서 그렇게 보고 있는 것이다. 그것이 무엇인가? 바로 자아(에고, ego)다. 하나님과 완전히 독립되어 자기 자신과 형제자매와 세상을 보는 주체가 생긴 것이다.

여기서 '눈이 밝아졌다'고 말한 그 눈(안목)의 실체가 명료해진다. 이 눈은 더 이상 하나님의 안목이 아니다. 하나님과 연합한 거룩한 안목, 즉 영안(靈眼)이 아니라 육안(肉眼)이다. 죄로 물든 안목이다. 이것이 우리로 하여금 이제는 세상을 물리적으로만 보게 만들고, 물리적 세상만을 보고 살도록 만들어 놓는다. 앞에서 세상이 우리를 물리적 현실에 갇혀 살도록 프로그램화한다고 했는데, 그 프로그램화의 시작이 인간 자신이었던 것이다.

✦ 에고, 하나님으로부터 독립된 자아

자아라고 말하는 에고의 실체를 좀 더 살펴보자. 이 에고는 하나님으로부터 독립했다. 하나님과 상관없이 자기 자신과 형제자매와 세계를 바라본다. 그런데 보는 것으로 끝나지 않는다. 수치심이라는 낯선 감정이 찾아왔다. 그래서 무엇인가로 자기를 가린다. 자기를 있는 그대로 수용하지도, 사랑하지도 못한다는 뜻이다. 옆에 있는 사람을 있는 그대로 용납해 주지 못한다는 말이다. 이것이 정말 하나님으로부터의 독립인가? 아니다. 그것은 단절이다. 그 단절의 아픔이 인간 안에 온갖 병증으로 역사하기 시작한 것이다.

계몽은 좋은 것인 줄 알았는데 아니었다. 무엇으로부터, 무엇을 향해 계몽되느냐에 따라 그것이 발전일 수도 있고, 치명적인 후퇴가 될 수도 있다. 안타깝게도 아담과 하와의 계몽은 후자였다. 영의 눈은 퇴화되고, 죄의 힘에 지배되기 시작한 육의 눈이 계몽되었기 때문이다. 그래서 하나님의 시선으로 자신과 세상을 보는 데는 완전히 맹인이 되어 버리고, 형제자매를 볼 때는 그 벗은 것과 잘못된 것들이 먼저 눈에 들어온다. 우리를 보시는 하나님의 사랑의 눈빛, 세상을 보시는 예수 그리스도의 눈빛, 형제자매를 보시는 긍휼의 눈빛은 전혀 감지가 되지 않는다. 이것이 죄의 현실이다.

어떤 느낌이 떠오르는가? 우리가 세계를 보는 안목이 병들었다는 말이다. 감각이 병든 것이다. 인간이 가진 오감은 자연스러운 것이 아니라 타락의 결과라는 뜻이다. 즉, 죄가 들어오고 난 뒤에 계몽되어서 좋아했는데, 사실은 우리를 둘러싼 사람과 세상을 보는 눈이 병들어 버렸다. 눈이 밝아진 것은 그냥 눈이 밝아진 것이 아니다. 물리적 시각이 생긴 것이다. 전에는 없던 에고가, 하나님과 아무 상관없이 세상을 보는 눈이

생겨 버렸다. 그리고 벗었으나 부끄러워하지 않고 서로 순전
하게 사랑하던 영적 감각은 사라져 버렸다. 하나님의 눈으로
자신과 세상을 보던 따뜻한 감각, 영적 감각이 사라져 버렸다.
그 대신 자신을 부끄러워하고 타자를 부정하는 감각이 작동
했다. 이것은 발전이 아니라 후퇴다. 그들은 뱀한테 속고 말았
다. 사실 이것이 하나님이 말씀하신 죽음이다. 이 죽음은 바로
영적 죽음이다! 영적 안목이 없어져 버리고 물리적 안목만 작
동하는 것이 영적 죽음이다.

더욱 뼈아픈 인간 내면의 증상이 그 뒤에 드러난다. 이들은
하나님의 소리를 듣고 그분의 낯을 피해서 숨는다(창 3:8). 하
나님이 "네가 어디 있느냐"(창 3:9) 하고 물으시니 아담이 대답
한다.

"내가 동산에서 하나님의 소리를 듣고 내가 벗었으므로 두려

워하여 숨었나이다"(창 3:10).

성경에 나오는 최초의 '두려움' 표현이다. 무엇인가? 하나
님을 자기보다 힘이 센 존재로 두려워하기 시작한 것이다. 위
협감을 느낀 것이다. 하나님이 전에는 아버지셨다. 사랑과 존
경으로 하나 되었었다. 그렇기에 두려워할 이유가 전혀 없었

다. 하나님이 나타나시면 반가워서 저 멀리 있다가도 뛰어가서 그 품에 안겼을 것이다. 그런데 에고가 생기니 이분이 혹시 자신들을 미워할까 봐 두렵고, 자신들의 죄를 벌할까 봐 두렵고, 그 막강한 권능으로 자신들을 사멸시키실까 봐 두렵다. 그러면서 하나님이 다스리신다는 세상이 두려워지기 시작한다. 하나님과 친밀할 때는 세상이 그들의 동산이었는데, 하나님을 잃어버리고 그분과 적대하게 되니 세상도 두려워지기 시작한다. 하나님을 신뢰하면 하나님이 다스리시는 세상도 왠지 따스하고 애정이 간다. 그런데 하나님을 불신하고 자기 지혜를 손에 넣으니 하나님과 아무 상관없어 보이는 이 세상이 갑자기 너무나 낯설고 두렵다. 헤겔(Georg Wilhelm Friedrich Hegel)은 이런 현상을 일컬어 '소외'(alienation)라 했다. 그래서 "내가 동산에서 하나님의 소리를 듣고 내가 벗었으므로 두려워하여 숨었나이다"(창 3:10)라고 고백한다. 벗었으면 부끄러워해야 하는데, 이제는 벗으니 두렵다. 그래서 하나님과 세상이 자신을 해칠까 봐 두려워 피하여 숨는다. 두려움의 역사는 이렇게 시작된다.

이것을 보는 하나님의 마음이 얼마나 아프셨을까? 당신의 피조물 중 유일하게 당신의 형상으로 만들어 사랑을 주고받으며 교제하고, 당신의 안목과 지혜로 세상을 다스리는 권한까지 부여했는데, 이 피조물 안에 죄와 에고라는 괴물이 들어왔다. 그래서 이제는 단절이 일어나 당신과는 상관없이 생각하고, 말하고, 행동하기 시작한다. 창세기 3장 10절에는 '내가'라는 말이 히브리어 성경에 세 번 나온다.

"내가 듣고, 내가 벗었으므로, 내가 숨었나이다."

내가! 내가! 내가! '나'(I)가 중심이다! 그렇게 자기 주체가 강화되어 행복하면 왜 주님이 마음 아파하시겠는가? 부모를 떠난 자식이 정말 잘 살고 행복하면 왜 부모가 자신을 떠나라고 먼저 말해 주지 않겠는가? 하지만 인간은 그렇게 지어지지 않았다. 하나님 없이 행복할 수 있도록 조성되지 않았다. 생명의 원천인 하나님께 붙어 있을 때 진정 생명을 얻고 누리도록 만들어졌다. 하나님 없는 에고가 역사하고 작동하는 한, 인간은 여기서 파생되는 내면의 온갖 병적 증세를 절대로 떨쳐 낼 수가 없다. 에고가 강해질수록 점점 두려움이 커진다. 그러면서 그 두려움을 떨쳐 내려고 무엇인가를 해 보려 몸부림친다. 바벨탑을 쌓아서 흩어짐을 면해 보려고 한다. 그런데 몸부림칠수록 인간은 점점 수렁 속으로 빠져든다.

무슨 뜻인가? 하나님을 잃어버리고, 병든 감각으로 인해 물리적 안목만 밝아져서 보는 세상은 절대로 객관적이지 않다. 이는 결코 세상을 바르고 진실하게 보는 것이 아니다. 소위 과학의 세계에서는 그것이 진리라고 하지만, 그것은 물리적 현상이지 진리가 아니다. 교회를 다니는데 세상이 자꾸 두렵게 느껴지는가? 그것은 당신이 물리적 감각으로 세상을 보고 있다는 뜻이다. 사실은 하나님을 놓쳐 버리고 보고 있거나, 하나님을 믿는다고 하지만 신뢰하지 않고 여전히 에고의 눈으로 세상을 보며 살고 있다는 반증이다. 교부 니사의 그레고리우스(Gregory of Nyssa)는 이를 감각의 죽음이라고 하면서, 이 오감의 회복이 구원의 중요한 스펙트럼이 됨을 강조했다.

✦ 세계관과 하나님 신뢰의 회복

신앙한다는 것은 주관적 확신이나 다짐이 아니다. 교리에 대한 헌신이 아니다. 에고의 눈을 회개하고 아담이 잃어버렸던 영의 눈이 다시 열려 하나님을 신뢰하는 것이다. 이런 사람에게는 세상이 더 이상 두렵지 않다. 하나님의 다스리심을 보고 있기 때문이다. 하나님이 통치하시기에 인생이 염려되지 않는다. 두렵고 불안하게 느껴진다는 말은 자신이 가진 세계관이 병들었거나 아직 병에서 온전히 회복되지 못했다는 뜻이다. 현실이 진짜 두려운 '무엇'이기 때문이 아니다. 일례로, 방랑자가 된 가인은 도망 다니는 곳마다 만나는 사람이 두려웠다. 그에게 세상은 무섭다. 자기를 도와줄 사람이 아무도 없다고 느낀다. 정말 세상이 무서운 곳이고 사람이 표독스럽기 때문인가? 아니다. 안이 병드니 밖의 세상이 무섭게 보이는 것이다. 가공된 세계관에 스스로 갇혀 고통스러워하는 것이다.

이 사실을 알면 모든 것이 명료해진다. 인간이 뱀에게 유혹되어서 하나님에 대한 '신뢰'를 버리고 자신의 '지혜'를 택했다. 하지만 온갖 심리적 병증만 늘고, 결국 세상을 바르게 보는 지식과 참된 구원의 지혜도 갖지 못했다. 진정으로 "여호와를 경외하는 것이 지혜의 근본"이다(잠 9:10). 여호와를 경외할 때 진정으로 세상이 바르게 보이고, 그 안에 움직이는 원리가 뚜렷이 드러난다. 신앙의 세계에서도 뭐가 더 중요한지가 보이기 시작한다. 자신을 가인의 후손으로 보는가, 노아의 후손으로 보는가는 생각하는 것보다 훨씬 중요한 문제다. 세상을 보는 관점과 인간을 보는 이미지가 여기서 근본적으로 달라지기 때문이다.

스스로에게 물어보라.

'나는 성경적으로 가인의 후손인가, 노아의 후손인가?'

단언하건대, 그리스도인은 노아의 후손이다. 하나님이 새롭게 약속하셨다.

"생육하고 번성하여 땅에 충만하라"(창 9:1).

이 축복과 함께 새 인생이 시작되었다. 인생은 저주가 아니라 축복이다! 그런데 어느 때부터인지 우리 신앙에 자꾸 우리를 노아의 후손이 아니라 가인의 후손처럼 여기는 풍조가 만연해졌다. 창세기를 읽으면서 이 사실을 깨닫고는 깜짝 놀랐다. 나도 스스로를 가인의 후손이라 생각하고 살았기 때문이다. 물론 가인의 후손으로 인식하는 데에도 한 가지 장점이 있다. 세상에 있는 죄악의 무게를 진지하고 심각하게 보게 해 준다. 그래서 십자가 사건이 가진 사죄의 은총이 온전히 부각된다. 그런데 다른 문제가 생긴다. 워낙 인간의 죄악에만 무게를 두고 심각하게 보게 되어, 죄의 무게보다 더욱 강하고 도도하게 역사하는 하나님의 사랑을 놓치기 쉽다.

미국의 복음주의 저술가 달라스 윌라드(Dallas Albert Willard)는, 현대 기독교가 기독교 복음을 죄 관리의 복음으로 협소화시켜 버렸다고 안타까워했다. 맞는 말이다. 죄 용서의 복음이 죄 관리의 복음이 되어 버려 십자가와 부활이 가진 더욱 크고 놀라운 능력을 유실해 버렸다. 복음이 갖는 엄청난 스펙트럼과 깊이를 놓쳐 버린 것이다. 죄 용서만 생각했지, 죄 때문에 영적 감각과 세상을 보는 안목이 병들었다는 사실은 인지하지를 못했다. 그래서 눈을 감고 있어도 눈을 감은 줄 모르고, 그렇기에 눈을 뜨려고 하지도 않았다. 더욱 풍성하고 놀라운 은혜를 사모하지도 않고, 그 복음의 능력을 누리지도 못하게 만드는 치명적 결함이 생겼다.

그런데 창세기 3장을 중심으로 살펴본바, 죄가 인간 안에 가져다준 병증에 대한 현상학적 이해는 복음이 죄 용서 내지 죄 관리 이상임을 암시해 준다. 타락의 결과는 분명 단순한 심판이 아니라, 인간의 영적 죽음이다. 이는 타락의 반대, 즉 죄의 권세/힘에서 자유하게 되는 일은 죄의 책임에서 놓임 받아 '이제 되었다' 하고 심판에서 면제 되어 안심하게 되는 일 이상임을 암시한다. 십자가와 부활은 더 이상 죄로 인해 심판 받지 않는 일보다 더욱 놀라운 일을 이루어 놓았다는 것을 암시적으로 보여 준다. 예수 그리스도의 십자가 속에 있는 복음의 능력은 속죄의 은총, 심판의 면제의 은총보다 더욱 크고 놀라운 '무엇'을 포함하고 있다는 뜻이다. 그것이 무엇인가? 이 복음의 능력이 아담과 하와가 창세기 3장에서 상실해 버렸던 모든 원복(original blessing)을 회복시키는 데까지 나아가도록 디자인되었다는 것이다.

나눔과 적용

1. 살아오면서 가장 큰 두려움을 느꼈던 적은 언제인가? 그때 그렇게 두려워했던 이유는 무엇이라고 생각하는가?

2. 하나님의 눈으로 세상을 보기 위해 당신이 포기해야 할 것과 추구해야 할 것은 무엇인가?

3. 당신은 '가인의 후손'인가, '노아의 후손'인가? 세상을 살아가는 당신의 모습은 어디에 더 가까운가?

"그가 비록 근심하게 하시나 그의 풍부한 인자하심에 따라 궁휼히 여기실 것임이라 주께서 인생으로 고생하게 하시며 근심하게 하심은 본심이 아니시로다"(애 3:32-33).

"또한 그들이 마음에 하나님 두기를 싫어하매 하나님께서 그들을 그 상실한 마음대로 내버려 두사 합당하지 못한 일을 하게 하셨으니"(롬 1:28).

7. 사랑받는데 왜 고난이 오는가(1)

지금까지 잘 따라왔다면 이런저런 질문이 하나씩 떠오르게 될 것이다. 그중 대표적인 것이 이것이다.

'하나님께 사랑받고 있는 사람에게 고난은 왜 찾아오는가? 반복해서 인생의 문을 두드리는 고난을 어떻게 이해해야 하는가? 하나님은 이런 상황에서 무엇을 하시는 것인가?'

이 장과 다음 장에서는 이 문제에 대해 이야기하려 한다.

✦ 그리스도인이 고난 받는 이유

그리스도인이 고난 받는 것은 크게 세 가지 이유다. 첫째는, 자신이 지은 죄에 대해 하나님이 벌을 내리시는 경우인데, 이

벌이 인간에게는 고난과 역경으로 나타난다. 둘째는, 더 크게 쓰려고 하나님이 당신의 일꾼을 훈련시키시는 경우다. 이 훈련이 인간에게는 고난과 역경이라는 형태로 나타난다. 그리고 셋째는, 구속적 고난(redemptive suffering)이다. 자신의 죄에 대한 벌이나 훈련이 아닌데 고난 받는 경우가 있다. 누군가의 생명과 구원을 위해 받는 고난이다. 하나님 나라를 확장하는 과정에서 받는 고난, 형제자매나 민족을 위해 받는 고난, 교회를 위해 받는 고난이 구속적 고난이다.

세 가지 모두 하나님의 사랑의 표현이다. 여기서 두 번째와 세 번째 고난 속에 있는 사랑은 우리가 어렵지 않게 간파할 수 있다. 두 번째 고난은 사랑하고 기대하는 자이기에 더욱 크게 쓰려고 하나님께서 단련하기 위해 주시는 역경이요, 세 번째 고난은 사랑받는 자이기에 이제는 자기를 사랑하시는 하나님과 그분의 나라를 위해 자발적이고 능동적으로 고난 받는 것이다. 그러면 첫 번째, 죄에 대한 벌은 처벌이요, 심판인데 어찌 사랑인가? 이때의 벌은 표면적인 느낌(feeling)일 뿐 본질이 아니다. 그 본질은 벌이 아니라 '깊은 사랑'이다. 지금은 자녀에게 체벌하지 않는 부모가 많지만, 이전에는 잘못을 저지르면 부모가 매를 드는 경우가 있었다. 물론 자녀에게는 부모가 든 매만 보일 뿐, 그 매를 드는 부모의 가슴은 느껴지지 않는다. 하지만 시간이 지나면 알게 된다. 그 매가 부모의 가장 큰 사랑의 표현이었다는 것을 말이다.

어렸을 때 호떡이 먹고 싶은데 용돈이 떨어져서 아버지 호주머니에 몰래 손을 넣다가 그만 정면으로 걸린 적이 있다. 이를 본 아버지가 얼마나 혼을 내셨는지 모른다. 그러면서 따끔하게 회초리를 드셨다. 그때는 맞으면서 그저 아프고 서럽기만 했다. 때리는 아버지가 나를 미워한다고 생각했다. 그런데 맞고 난 후 확실히 받은 교훈이 있다. 정당하지 않은 방법으로 내 것이 아닌 것을 손에 쥐려고 하면 절대로 안 된다는 것이었다. 나중에 철이 들고 나서야 그 매가 아버지의 '깊은 사랑'인 것을 알았다. 그때 그 사건은 십 대 후반에 내 인생의 철학 하나를 형성해 주었다.

'절대로 물질을 좇아가는 인생을 살지는 않으리라!'

그날 내 손이 어디로 향하고 있는지를 본 아버지는 평소의 얼굴과 전혀 달랐다. 그렇게 무서운 얼굴을 본 적이 없었다. 인생을 좀 더 살고 난 후 나는 나 자신을 더 알게 되었다. 내 안에 악한 것이 있다는 것, 나 스스로 통제하지 못하는 연약한 부분이 내 안에 있다는 것을 말이다. 그제야 그 회초리와 아버지의 눈빛이 어떤 것인지를 알게 되었다. 그것은 그냥 매가 아니었다. 자식 사랑의 다른 표현이었다. 그 눈빛은 사랑하는 자식이 건강하게 성장하기를 바라기에 보이는 눈빛이었다. 그때 나는 사랑하는 사람의 눈빛이 너무나 사랑하기에 얼마든지 이글거리는 뜨거움에서 얼음장 같은 싸늘함으로 바뀔 수 있다는 것을 배웠다. 그 매와 눈빛은 '깊은 사랑'이었던 것이다. 아버지 하나님이 당신의 자녀의 죄에 대해 내리시는 벌도 이와 같은 깊은 사랑이다.

하나님이 우리 인생에 내려치시는 매도 마찬가지다. 우리는 고난을 받으면 "아이고 힘들다! 힘들어서 못 견디겠다. 왜 이런 고난을 받아야 하지?" 하지만, 그 고난 때문에 결국은 가던 길을 돌이키기도 하고, 나처럼 '정당하지 않게 물질을 손에 넣으려는 짓은 내게 화가 된다'는 깨우침을 넘어서 '물질을 좇아가는 인생에서 가치를 좇아가는 인생'으로 전환시켜 주기도 한다.

✦ 고난, 하나님의 사랑의 매

사랑받고 있음에도 깨닫지 못하고 죄를 짓다가 당하는 어려움은 철저히 사랑의 매다. 우리는 힘들기에 회초리만 눈에 보인다. 하지만 그 매를 들고 계신 하늘 아버지의 가슴을 보아야한다. 내려치는 그분의 마음은 매 맞는 우리보다 열 배, 백배는 더 아프시다.

매 맞은 날 밤에 혼자 훌쩍훌쩍 울고 있는데 어머니가 문을 열고 들어오셨다. 손에 연고를 들고 계셨다. 종아리에 문질러 발라 주면서 말씀하셨다.

"느그 아부지가 이 밤에 나가서 사 왔다."

이 말을 듣고 더 엉엉 울었다. 그때는 그 이유를 몰랐다. 왜 아버지가 사 오셨다는 말을 듣고 눈물이 그렇게 났는지를 말이다. 나중에 알게 된 것은, 그때는 몰랐으나 내 영혼은 매를 드는 아버지의 마음을 알았던 것이다. 예레미야애가 3장 32-33절은 말씀한다.

"그가 비록 근심하게 하시나 그의 풍부한 인자하심에 따라 긍휼히 여기실 것임이라 주께서 인생으로 고생하게 하시며 근심하게 하심은 본심이 아니시로다."

인생 회초리를 보내시는 하나님의 본심은 심판이 아니라 사랑이다. 그 사랑이 너무나 깊어서 때로 우리는 그것이 사랑인지를 모르는 채 불평하곤 한다.

하나님이 정말 이런 분이라는 것을 안다면, 우리가 자신을 사랑하는 것보다 더욱 깊이 우리를 사랑하신다면, 그래서 하나밖에 없는 아들까지 우리를 위해 이 땅에 보내어 십자가에 내어 주시는 분이라면, 그분이 우리를 위해 인생 회초리를 드실 때 어떻게 반응하는 것이 맞겠는가? 이후에 또 이런 매를 맞을까 봐 두려워 용서를 구하고 돌이키겠는가, 아니면 우리를 이토록 사랑하시는 하나님의 마음을 아프게 한 것이 너무나 부끄럽고 죄송해서 진정으로 돌이키겠는가?

한국 교회에서 '죄 용서'나 '회개'는 잘못된 방향으로 채색되어 있는 것 같다. 더욱 큰 벌을 받지 않도록, 인생이 잘못되지 않도록, 지금 이 구덩이에서 심판받아 추락하지 않기 위해서, 나아가 죽어서 지옥에 가지 않도록 회개를 촉구하고, 또한 그 회개를 수용한다. 물론 그것도 그렇게 하지 않는 것보다는 가치 있고 아름답다. 하지만 그것은 진정한 회개가 아니다. 살아 계신 하나님의 심판이 두려워 더 큰 벌을 받지 않도록 회개하는 것이다. 구약의 이스라엘 백성이 광야에서 늘 이런 방식으로 회개했다. 그리고 하나님이 용서하여 벌을 거두시면 시간이 지나 또 같은 죄를 반복해서 지었다. 진정한 회개가 아니었기 때문이다. 회개는 자기에 대해 통탄하는 것이요, 죄에 대해 돌이키는 것이요, 죄로부터 시선을 돌려 회개의 대상을 향해 돌아서는 것이다. 그저 일시적으로 재앙의 순간에 그분이 두려워서 화를 면해 보려고 한 회개는 다시 같은 죄를 가져온다. 진정 죄에 대해 돌이키지 않았기 때문이다. 벌을 내리시는 하나님의 사랑에 대해서는 배우지 못했기 때문이다.

하나님은 사랑이시다! 사랑에는 속성이 있다. 사랑은 사랑받는 대상이 이 사랑의 축제 안에 함께 거하기를 원한다. 그래서 내가 그를 사랑하듯 그도 언젠가는 자신을 향한 나의 사랑을 깨달아 결국 나를 사랑하기를 원한다. 사랑의 유통 통로를 통해 마음과 마음이 통하기를 원한다는 말이다. 무서워서, 두려워서, 벌 받고 싶지 않아서 "잘못했어요" 하는 것이 아니라, 하나님의 존귀한 자녀인데 왕의 자녀의 품격과 격조를 잃어버린 채 비루하게 죄의 노리개 역할을 한 것에 대해 너무 부끄럽고, 자존심 상하고, 이런 나를 바라보시는 하나님께 너무 죄송하고, 그럼에도 다시 품어 주심에 너무나 감사해서 주님께 '돌아서는 것'(turning), 그것이 회개(μετάνοια)다.

✦ 돌이키기를 기다리고 인내하시는 아버지

훈련이나 구속적 고난이 아닌 징벌적 성격의 고난에는 또 다른 요소가 있다. 우리가 스스로 그 고난을 선택했다는 사실이다. 무슨 말인가 하겠지만, 이는 사랑의 특성 때문이다. 하나님이 예수 그리스도를 통해 우리를 사랑하기로 결심하신 순간부터 하나님은 우리에게 다르게 다가오신다. 그분은 우리를 너무나 사랑하기에 무력해 보이실 수 있다. 십자가에 달리신 하나님은 원래 전능한 분이시다. 전능하신 하나님이 십자가에 달리셨다는 것 자체가 상상할 수 없는 역설이다. 그 전능성을 왜 사용하지 않고, 다른 방법도 아닌 스스로를 십자가에 내어 줌으로 우리를 구원하는 방법을 택하시는가? 사랑이 무엇인지를 보이신 것이다. 대속적 제물로 당신을 주신 것도 사랑이요, 우리를 위해 목숨을 버리심으로 사랑이 무엇인지를 보이신 것이다(요일 3:16a).

참사랑의 속성 중 하나는 '절대 자기 사랑을 강요하지 않는다'는 것이다. 하나님은 스토커가 아니시다! 당신이 사랑하는 이에게 "나를 사랑해야 해. 나를 사랑하지 않으면 너는 화를 입게 될 것이다"라고 협박하지 않으신다. 사랑하시기 때문이다. 하나님은 우리를 사랑하기 시작한 순간부터 절대로 당신의 사랑을 강제로 주입하지도, 받아 내려 하지도 않으신다. 강제적 사랑은 진정한 사랑이 아니요, 굴종이기 때문이다. 만일 강제로 사랑을 받아 내려 한다면, 그는 폭군이고, 노예를 부리는 주인이 된다. 그 사랑을 억지로 해야 하는 우리는 자녀가 아니라 노예다. 하나님은 우리를 당신의 자녀로 대해 주신다.

그래서 로마서는 그리스도인이 "다시 무서워하는 종의 영을 받지 아니하고 양자의 영을 받았으므로 우리가 아빠 아버지라고 부르짖느니라"라고 말씀한다(롬 8:15). 나아가 구약의 아가서를 보면 우리가 하나님의 애인이 되기를 원하신다. 그것이 주님의 본심이시다.

무엇을 의미할까? 쉽게 말하면, 하나님은 당신을 버리고 떠나려는 우리를 막지 않으신다. 우리를 사랑하시는 하나님을 버리고 악한 길에 빠져 온갖 고난과 역경을 자처하는 우리 인간을 당분간 그리 하도록 놔두신다. 깨달아 스스로 돌아올 때까지 말이다. 이 또한 짧지 않은 인생 여정에서 보면 지나가야 할 과정이기 때문이다. 그 끝에 우리를 구원할 자신감이 있기에 이 과정도 허락하신다.

누가복음 15장에 보면 돌아온 탕자의 비유가 나온다. 예수님은 이 비유에서 하나님이 당신의 사람을 어떻게 사랑하시는지를 보여 준다. 한 아버지에게 사랑하는 두 아들이 있다. 그런데 둘째 아들이 아버지가 사랑하는 그 품을 지루하게 여겼는지 매력 없게 느꼈는지, 어느 날 집을 떠나 먼 나라로 가서 살아 보겠다고 선언을 한다. 그러면서 아버지의 재산 중에서 자신에게 돌아올 분깃을 달라고 말한다(눅 15:12). 이는 매우 무서운 말이다. 둘째 아들은 지금 아버지와의 결별을 선언하는 것이다. 이제는 떨어져서 각자 살 뿐만 아니라, 관계를 정리하자는 뜻이다. 아버지가 얼마나 섭섭하고 괘씸했겠는가? 맏이가 우선인 사회였기 때문에 분깃을 주지 않아도 된다. 그런데 아버지는 순순히 둘째 아들의 요구를 들어준다. 나눠 달라는 재산을 주면서 자신의 품을 떠나 먼 나라로 가는 아들을 선선히 보내 준다. 왜 막지 않았을까? 왜 "내 품을 떠나는 것은 네 영혼의 고향을 떠나는 것과 같아. 나를 떠나는 것이 얼마나 고생인지 너는 모른다. 너, 그렇게 하면 안 돼"라고 말하지 않았을까? 아버지는 안다. 이것도 둘째 아들이 성장하는 과정에서 겪어야 하는 성장통이라는 것을 말이다. 아직 아버지의 사랑이 무엇인지도 모르고, 자기가 얼마나 연약하고 죄악 된 존재인지도 모르고, 아버지의 품을 떠난 세상이 얼마나 살벌한지도 모르고, 그래서 아버지 품에서 사랑받고 사는 것이 얼마나 귀한 줄도 모르는 둘째 아들이 엄청 서운하기도 하지만, 아버지는 그럼에도 이 아들을 너무나 사랑한다. 그래서 사랑은 강요할 수도 없고 그 마음을 강제로 빼앗아 올 수도 없기에 둘째 아들의 요청을 순순히 들어준다. 아들이 자신의 품을 떠나면 역경을 당하고 고생할 것을 알지만, 당분간 그렇게 하게 둔다. 진정으로 깨달을 때까지 말이다. 이 또한 깊은 사랑이다. 로마서 1장 28절은 하나님의 이러한 속성을 말씀한다.

"그들이 마음에 하나님 두기를 싫어하매 하나님께서 그들을
그 상실한 마음대로 내버려 두사 합당하지 못한 일을 하게 하
셨으니."

당분간 인간이 스스로 택하는 역경의 길은 그렇게 진행되
도록 놔두신다. 방치가 아니다. 결국 둘째 아들은 먼 나라로
가고, 거기서 엄청난 시련을 겪는다. 갖고 있던 재산을 허랑방
탕하게 다 탕진한다. 그러면서 그는 자신의 연약함을 깨닫게
된다. 그리고 인생의 변수를 만나 흉년으로 굶게 된다. 나중에
는 돼지 쥐엄 열매를 먹는 신세가 되어 버린다. 유대인들이 가
장 하급 동물로 여기는 것이 돼지다. 돼지가 먹는 열매를 먹는
다는 것은 그야말로 아버지 품을 떠나 완전히 바닥 신세가 되
었다는 것을 말한다.

둘째 아들은 자기가 얼마나 약하고 깨지기 쉬운 존재인지
를 비싼 수업료를 내고 처절하게 배운다. 그리고 결국 아버지
품으로 돌아가기로 결심한다. 돌아갈 때까지도 그는 아버지
의 사랑을 아직 깨닫지 못한다. 사랑하기 때문이 아니라 살기
위해 돌아가기로 결심한다.

"내 아버지에게는 양식이 풍족한 품꾼이 얼마나 많은가 … 나

137

를 품꾼의 하나로 보소서 하리라"(눅 15:17, 19).

둘째 아들은 사실 생존을 위해 회개하고 돌아왔다는 뜻이다. 그리고 그렇게 내몰린 인생의 자리에서야 아버지가 자기를 얼마나 사랑하는지를 알게 된다. 아버지의 반응을 보라!

"측은히 여겨 달려가 목을 안고 입을 맞추니"(눅 15:20).

여기서 '측은히'는 헬라어로 '스플랑크니조마이'(σπλαγχνίζομαι)라 하는데, 이는 '연민, 긍휼, 자비'라는 뜻을 갖고 있다. 원어적인 뜻은 '창자, 내장, 자궁'이다. 즉, 산모가 아이를 쏟아 낼 때의 고통으로 연민하는 것이다. 창자가 끊어지고 내장이 터지는 듯한 연민과 자비를 말한다. 둘째 아들은 살기 위해 품꾼 노릇 하겠다고 돌아왔는데, 그의 아버지는 창자가 끊어지는 듯한 긍휼로 품에 안으면서 반긴다. 그러면서 아들에게 제일 좋은 옷을 내어다가 입히고 손에 가락지를 끼우고 발에 신을 신긴다(눅 15:22). 원래 종에게서는 신을 벗기고, 주인에게는 신을 신긴다. 아버지는 아들을 품꾼이 아니라, 자신의 당당한 자녀로 여전히 사랑한다는 뜻이다.

이 비유는 둘째 아들이 그 뒤에 어떻게 되었는지를 추적하지 않는다. 그러나 충분히 유추할 수 있다. 그는 돌아온 날 자기를 부둥켜안고 한없이 감격해서 우는 아버지 품에서 엉엉 울었을 것이다. 고생이 끝나서 운 것이 아니라, 이렇게 자기를 사랑하는 아버지의 사랑을 버리고 먼 나라로 가 버렸던 것을 후회하고 부끄러워하면서 울었을 것이다. 그리고 여전히 한결같이 사랑해 주는 아버지가 너무 감격스럽고 감사해서 더 한없이 울었을 것이다. 그러면서 그는 그날부터 아버지 옆에서 그 장원(莊園)을 신실한 마음으로 살피고 돌보았을 것이다. 아버지는 이제 확신한다. 이 아들이 자신의 심정으로 이 장원, 즉 하나님 나라를 살피고 돌볼 거라는 것을 말이다.

우리는 사랑받는다 하는데 왜 고난을 겪는가? 하나님이 고난을 주신 것이 아니다. 우리가 그 고난을 선택한 것이다. 하나님의 사랑을 받음에도 우리 안의 죄가 그것을 사랑으로 느끼지 못하게 하고, 죄에게 속아 '나는 사랑받지 못하고 있어. 이 품을 떠나고 싶어!' 하며 먼 나라로 가서 고생하고 있는 것이다.

지금도 늦지 않았다. 빨리 돌아가면 된다! 아버지가 창자가 끊어지는 고통을 갖고 기다리신다. 그 품에 안기면 된다! 그러면 인생의 의미 없는 고난은 끝을 맺을 것이고, 하나님은 우리 인생에 가락지를 끼워 주고 신을 신겨 진정한 당신의 자녀로 받으실 것이다.

나눔과 적용

1. '고난은 하나님의 사랑의 표현'이라는 말에 대해 당신은 어떻게 생각
   하는가? 왜 고난이 사랑의 표현이 될 수 있는가?

2. 하나님의 사랑의 매(고난)를 맞고 돌이킨 경험이 있다면 이야기해 보
   자. 그때 사랑의 매가 없었다면 당신의 인생은 어떻게 되었겠는가?

3. 하나님이 당신을 인내해 주고 계시다는 생각이 들 때는 언제인가? 왜
   인내하며 기다리신다고 생각하는가? 인내하고 기다리시는 하나님께
   바로 돌이키지 않는 이유는 무엇인가?

"너는 그리스도 예수의 좋은 병사로 나와 함께 고난을 받
으라 병사로 복무하는 자는 자기 생활에 얽매이는 자가 하
나도 없나니 이는 병사로 모집한 자를 기쁘게 하려 함이
라"(딤후 2:3-4).

8. 사랑받는데 왜 고난이 오는가(2)

전능하고 선하신 하나님이 우리를 사랑하시는데 왜 인생에 고난이 찾아오는가? 이것은 아주 정당한 질문이다. 자비롭고 선하신 하나님, 그래서 우리를 후대하시는 하나님인데 그분이 이끄시는 인생에 고난이 있다는 말은 논리적으로 둘 중의 하나일 것이다. 하나님이 마음씨도 선하고 우리를 진심으로 사랑하지만 사실은 전능하지 않기 때문에 역경을 막아 주실 수 없어 우리 인생에 고난이 찾아오거나, 아니면 정말 전능하지만 우리가 생각하듯 그렇게 선하지 않고 빈틈이 많아서 우리를 고생하게 하시는 경우다.

기독교 교리학에서 하나님의 전능성, 하나님의 선하심 그리고 인간의 고난 사이에는 상호 모순이 있어 신학자들이

나 기독교 철학자들이 많은 고민을 해 왔다. 이 고민이 기독교 신앙의 난제 중 하나다. 이를 교리학에서는 신정론(神正論, theodicy)이라고 한다. 이렇듯 하나님의 선하심과 전능하심 모두를 방어하는 동시에 인간의 고난을 설명하는 것은 상호 충돌되는 듯 보인다.

그런데 곰곰이 생각해 보면 이것을 꼭 난제라고 할 수만은 없다. 고난을 어떻게 이해하느냐에 따라 그 고난은 우리에게 전혀 다르게 다가올 수 있다. 신앙적으로나 인생사에서 볼 때 우리는 고난을 가능하면 피하기를 원하고, 성가셔 하며 진절머리를 내기도 하지만, 고난을 통해서만 배울 수 있는 가르침이 아주 많다. 시편 119편을 보라.

"고난당하기 전에는 내가 그릇 행하였더니 이제는 주의 말씀을 지키나이다 … 고난당한 것이 내게 유익이라 이로 말미암아 내가 주의 율례들을 배우게 되었나이다"(시 119:67, 71).

시편의 기자는 고난에서 무엇인가를 배운 것이다. 위의 말씀에서 알 수 있듯이, 고난은 현대인들이 생각하듯 꼭 나쁜 것은 아니다. 오히려 인간을 성숙하게 하고, 자신과 타자를 사랑하게 해 주고, 영원에 눈을 떠 하나님께로 더 가까이 나아갈 수 있도록 만들어 주는 통로로 쓰임 받을 수 있다.

✦ 고난, 택함 받은 자를 단련시키는 하나님의 도구

이렇게 고난을 이해한다면 사랑받는데 왜 고난이 오는지에 대한 답도 충분히 유추해 볼 수 있다. 앞서 이야기했듯이 고난이 우리의 죄 때문에 온 것이면, 하나님이 벌을 내리셔서가 아니라 당분간 우리가 우리의 죄의 열매를 따 먹도록 허용하시는 것이다. 어떻게 해야 하는가? 그게 허용이건, 우리의 죄에 대한 징벌이건 간에 회개해야 한다. 집 나간 둘째 아들처럼 지금이라도 하나님을 향해 돌아서야 한다. 그러면 그 고난은 시간이 지나면서 물러나게 되어 있다.

둘째는, 하나님이 우리를 너무나 사랑하기 때문에 고난을 주시는 경우가 있다. 사랑해서 쓰시려고 광야 학교에 밀어 넣으시는 것이다. 우리가 하나님께 택함 받았다는 것과 고생이 없다는 것은 전혀 상관이 없다. 구속사적으로 보면 야곱은 택하고 에서는 버리셨다. 로마서 9장 13절을 보라.

"기록된바 내가 야곱은 사랑하고 에서는 미워하였다 하심과
같으니라."

145

하나님은 분명 야곱을 택하고 에서는 어떤 이유든 바둑의 사석처럼 버리셨다. 여기서 스스로에게 물어보자. 인생사의 큰 지평을 놓고 보았을 때 야곱이 편하게 살았을까, 아니면 에서가 편하게 살았을까? 에서가 더 편하게 살았다. 야곱은 택함 받았음에도 불구하고, 아니 정확히 말하면 택함 받은 것 때문에 많은 고생을 했다. 형의 장자권을 속여서 빼앗은 것 때문에 고향에서 쫓겨나 밧단아람에서 20년 동안 피눈물 나는 세월을 보냈다. 인생의 초반부를 그야말로 살을 에는 고통과 아픔 속에서 자기를 극복하는 데 시간을 써야 했다. 하나님의 사람으로 빚어져 가기 위해 시간을 녹여 냈다고 볼 수 있다. 그리고 그 세월 속에서 자신을 잘 추스르고 이겨 냈다. 하지만 밧단아람을 떠나 고향으로 가는 길에 세겜에 잠시 주저앉아 있는데 하나밖에 없는 딸 디나가 강간을 당한다. 부모로서 아주 험한 꼴을 경험한다. 여기에 더해서 아들들이 가문의 명예를 손상시킨 것에 화가 나 그 세겜 족속을 도륙해 버린다. 이로 인해 일가족이 멸살을 당할 뻔하기도 했다. 그뿐이 아니다. 인생 후반부에는 자기가 그토록 사랑했던 아들 요셉을 잃게 된다. 요셉이 다른 아들들에게 시기를 받아 애굽으로 팔려 가고 만 것이다. 그러면서 야곱에게는 요셉이 짐승에게 잡아먹혔다고 천연덕스럽게 거짓말을 한다. 야곱은 이 사실을 전혀

146

몰랐다. 그의 가슴이 얼마나 무너져 내렸겠는가? 사랑하는 아들들이 자기가 가장 사랑하는 것을 앗아가 버린 것이다. 분명히 택함 받고 하나님께 사랑받은 사람인데, 인생 전체로 보면 구름 속에서 잠깐의 햇빛을 보듯 짧게 평안한 시절을 보낸 것 외에는 편했던 시절이 없고, 다리 뻗고 살았던 세월이 없다. 그래서 인생의 끝자락에서 야곱이 자신의 인생을 회한하며 술회하지 않는가?

"내 나그네 길의 세월이 백삼십 년이니이다 내 나이가 얼마 못 되니 우리 조상의 나그네 길의 연조에 미치지 못하나 험악한 세월을 보내었나이다"(창 47:9).

야곱은 자신의 인생이 정말 험악한 세월의 연속이었다고 결론 내린다. 반면에 에서는 하나님께 택함 받지 못했지만, 성경에 나타난 부분으로 볼 때 그의 삶은 평탄했다. 동생 야곱이 집을 나간 후 에서는 아버지 이삭과 어머니 리브가와 고향 땅에서 편하게 살았다. 이삭이 가지고 있던 재산은 그대로 에서에게 그 소유권이 이전되었다. 나중에는 이방 여자와 결혼한 후 세일로 이주해 그곳에서 평안하게 살다가 인생을 마무리한다. 이처럼 에서가 야곱보다 훨씬 편하게 살았다. 하나님께 택함 받고 사랑받는 자녀라는 것과 고난의 여부는 전혀 별개의 사실이라는 것을 알 수 있다. 오히려 인생 안으로 들어가 보면 택함과 사랑을 받고 있기 때문에 고난 받는 경우가 더 많다. 이것이 구속사의 현실이고, 그리스도인의 삶이다. 야곱이 택함 받지 않았다면 아마 하나님은 그를 밧단아람으로 밀어 넣지 않으셨을 것이다. 그곳에서 혹독한 시련을 겪지 않아도 되었을 것이다. 하나님이 볼 때 야곱은 당신이 택했기 때문에 밧단아람이라는 광야 학교에 입학시켜서 본격적으로 사람을 만드시는 것이다. 하나님 나라를 위한 일꾼으로 쓰기 위해서는 인격을 다듬고, 영혼을 정련하고, 영성을 깊게 해야 하기 때문이다.

하나님은 이스라엘 민족을 택했기 때문에 그들을 광야로 밀어 넣으신다. 거기서 다른 어떤 것도 기대하지 못하게 하고 오직 하나님과 그분의 나라(가나안)만 바라보고 살게 하시는 것이다. 영의 눈을 뜨게 하시는 것이다. 택함 받고 사랑받기 때문에 고난 받는 것이다. 왜 사랑받는데 고난이 찾아오는가에 대한 질문은 에서와 야곱을 보면 답이 명료하다. 사랑받기에 고난이 오는 것이다. 이 시각은 우리를 전혀 새로운 차원의 삶과 신앙으로 접어들게 한다. 지금 숨 돌릴 겨를도 없이 세차게 고난을 받고 있는가? 특별히 지은 죄가 크거나 많은 것도 아닌데 '내가 지은 죄가 있겠지. 하지만 그것에 비해 이 고난의 무게는 너무 심한 것 같아'라는 생각이 드는가? 주님이 지금 당신을 훈련시키고 계시다는 것을 빨리 알아차려야 한다.

✦ 강한 날개로 날아오르다

독수리는 자기 새끼의 날개가 돋아나는 것을 보면 둥지에서 밖으로 밀어낸다. 당연히 새끼 독수리는 둥지가 편하고 좋으니 안 나가려고 버틴다. 그러면 어미 독수리는 새끼 독수리를 날카로운 부리로 콕콕 찍어 대고, 새끼 독수리는 너무 아프니 어쩔 수 없이 둥지 밖으로 나간다. 이후 어미 독수리는 새끼 독수리를 낭떠러지로 데리고 가 머리로 밀어뜨려 버린다. 얼마나 모진지 모른다. 이때 새끼 독수리는 그 엄청난 높이에서 끝없이 추락한다. 살려고 필사의 노력을 하면서 날개를 퍼덕이지만 역부족이다. 그런데 바닥에 곤두박질치기 직전에 어미 독수리가 쏜살같이 날아와 그 새끼를 받친다. 감당하지 못하는 시험을 허락하지 아니하시고 시험받을 즈음에 피할 길을 내신다는 말씀이 정확히 맞아떨어지는 순간이다. 이렇게 하기를 여러 차례 반복하면서 새끼 독수리는 창공의 왕이 되는 격(格)을 갖추어 간다. 이 세상의 어떤 맹금보다 억세고 강력한 날개를 길러 간다. 그리고 어느 날, 낭떠러지에서 끝없이 떨어져 추락하는 것 같다가 마침내 그 억센 날개로 중력을 거슬러 하늘로 올라가게 되는 것이다. 하나님이 택한 자를 이렇게 훈련하신다. 택했기 때문에 사랑하시고, 사랑하기 때문에 훈련시키신다. 당신의 나라를 위해 쓰시겠다는 것이다. 이 과정에서 절대로 잘못되는 일은 없다. 끝없이 추락하는 것 같지만 위기의 순간에 쏜살같이 와서 받쳐 주신다. 새끼 독수리는 이 과정을 반복하면서 어미 독수리를 신뢰하게 된다. 그 낭떠러지의 막막해 보이는 허공이 서서히 두렵지 않게 된다. 그리고 어느 날, 날아오르게 된다. 맹수 한 마리는 거뜬히 찍어 오르는 날개를 가지고 말이다.

왜 사랑받는데 고난이 오느냐고? 사랑받기에 오는 것이다. 사랑하기에 역경을 주시는 것이다. 인생에서 에서가 맺지 못한 큰 결실을 맺게 하려고 훈련하고 고난을 주신다.

> "너희가 나를 택한 것이 아니요 내가 너희를 택하여 세웠나니 이는 너희로 가서 열매를 맺게 하고 또 너희 열매가 항상 있게 하여 내 이름으로 아버지께 무엇을 구하든지 다 받게 하려 함이라"(요 15:16).

인생 학교에서 혹독하게 훈련하시는 과정에서 훈련받는 사람은 점점 이 고난의 뜻을 알아차려 간다.

'주님이 나를 쓰기 위해 인생 낭떠러지에서 밀어뜨리고 계신 것이구나. 지금 나를 아주 강하게 키우고 계시는구나.'

이때는 절대 자기 연민에 빠져서는 안 된다. 피해자 코스프레 하듯 자꾸 자기 연민에 빠져서 스스로에게 눈물 흘리며 힘들어해서는 안 된다. 이는 인생 학교를 졸업하는 데 아무런 도움이 되지 않는다. 마음을 아주 강하게 하고 하나님만 바라봐야 한다. 하나님이 사랑해서 이 연단을 주시는 것이다.

나는 주님의 외마디 음성을 신뢰하여 10년간의 미국 생활을 정리하고 아내와 세 자녀만 남겨둔 채 귀국했었다. 한국에서 부르는 사람이 있거나 사역할 곳이 정해져 있는 것도 아닌데 10년간 살던 곳을 내 안에 들리는 작은 음성 하나 붙들고 정리하겠다고 결심한 것이다. 속으로 생각했다.

'하나님이 나를 참 대견하게 여겨서 이제 길을 순탄하게 열어 주시겠지.'

그런데 그게 아니었다. 논문을 마칠 무렵, 신학을 공부한 LA에서 사역 제안이 들어왔다. 물가도 싸고 아이들도 다니던 학교에 적응이 잘 안 되어 힘들어했기에 한인이 많은 곳으로 이사를 갔는데, 가서 짐을 풀고 교회에 가 보니 간밤에 목사님이 도망을 가 버렸다. 알고 보니 LA에서는 그런 일이 비일비재하다고 한다. 결국은 사역지가 떠 버리고 말았다. 내가 잘못 들은 것은 아닌지, 하나님의 뜻을 잘못 분별해서 이런 어려움을 겪는 것은 아닌지 너무나 혼란스러웠지만 세 아이와 아내를 LA에 툭 떨어뜨려 놓고 아무 대책도 없이 한국으로 가는 비행기에 몸을 맡겼다. 주변에서 그렇게 하면 안 된다고 말렸지만 어쩔 수 없었다. 내가 들었던 것은 분명 성령의 음성이었기 때문이다. 한국으로 들어가는 문제를 놓고 아내와 함께 이 말씀을 몇 번이나 같이 읽었다.

"병사로 복무하는 자는 자기 생활에 얽매이는 자가 하나도 없나니 이는 병사로 모집한 자를 기쁘게 하려 함이라"(딤후 2:4).

이 말씀을 묵상하고 또 묵상하면서 둘이 각오를 다졌다. 부르심의 길을 포기하면 안 된다고, 자녀들 때문에 하나님의 길을 놓쳐서는 안 된다고 손 붙잡고 기도했다. 그리하여 아내는 LA에서 자녀들을 돌보고, 나는 10년 미국 생활을 정리하고 비행기에 몸을 맡긴 것이다. 나는 그때 하나님이 나를 시험하셨다고 본다. 당신을 향한 마음이 어떤지, 주님께 인생을 드린다고 했던 고백이 빈말은 아니었는지를 말이다. 평소에는 지키지만 중요한 위기 상황이 오면 입으로 삼켜 버리는 것은 아닌지, 어떤 경우에도 요동치 않아야 하는데 하나님을 향한 강철 같은 신뢰가 흔들리는 것은 아닌지 시험해 보신 것이다. 그래서 새끼 독수리를 어미가 낭떠러지에서 밀어 떨어뜨리듯, 하나님이 우리 부부를 인생 낭떠러지에서 밀어 떨어뜨리신 것이다.

한국에 돌아왔는데 정말 막막하기가 이를 데 없었다. 2011년 8월 31일에 입국했는데, 그해 가을은 너무나 혹독했다. 연세대와 장신대에서 두 과목을 강의하는 것 외에는 아무것도 없었다. 미국에 있는 자녀들은 용돈을 받지 못해 친구들과 주말에 어울려 놀기 위해 평일에는 수돗물을 마시며 끼니를 때운 적이 있다고 한다. 그런데 하나님이 다 살게 해 주셨다. 감사했던 것은, 아내는 미국에 있으면서 감사교회라는 아주 좋은 교회를 만나 날마다 한밤중에 교회에 가서 부르짖을 수 있게 되었다. 미국 교회는 대개 10시가 넘으면 문을 닫는 경우가 많은데 이 교회는 24시간을 개방했고, 아내는 그곳에서 하루에 서너 시간씩 기도를 했다. 그리고 나는 나대로 하나님 한 분만을 믿고 왔기에 흔들리지 않고 죽어도 당신 밑에서 죽겠다고 매달리기 시작했다. 이때 우리 가족은 신앙의 근기와 근성을 갖게 되었다. 독수리가 강한 날개를 가진 것과 같다. 요즘도 아이들이 한 번씩 이런 이야기를 한다.

"아빠, 아무리 힘들어도 우리가 LA에 있을 때만큼 힘들겠어요? 괜찮아요."

주님이 일하시는 것이다. 이 모든 테스트가 끝난 후 나의 마음이 아주 탄탄해졌을 때 주님이 포항에 있는 목회지로 길을 여셨다.

사랑받기에 고난이 온다는 것은 아주 모진 말씀이다. 오리로 둥지에 있으면서 하나님이 궁둥이 두드려 주시는 것을 누리고 즐기다가 인생을 마무리해도 된다. 그런데 하나님은 절대로 택한 자녀를 그렇게 놔두시는 경우가 없다. 독수리라는 것을 알고 택하셨기 때문이다. 독수리는 때가 되면 둥지에 편히 있을 수 없다. 하나님이 부리로 콕콕 찍어 둥지에서 밀어내신다. 인생을 비상하게 하는 날개를 갖게 하려고, 거기에 억센 힘을 주려고 낭떠러지에서 밀어뜨려 버리시는 것이다. 받쳐 줄 자신이 있으니 밀어뜨리시는 것이다. 그 과정 속에서 억센 날개가 자라게 된다. 이 때문에 우리가 고난의 쓴잔을 마시고 역경의 쓴 물을 먹기도 하는 것이다.

✦ 하나님께 '행복한 항복'을 드리라

그러므로 우리는 고난을 받아도 자기 연민에 빠지지는 말아야 한다. 주님이 쓰려고 어려움을 주셨다는 것을 받아들여야 한다. 만약 받아들이지 않는다면 받아들일 때까지 그 고난은 계속된다. 하나님은 이 면에서는 어미 독수리보다 훨씬 모진 분이시다. 돌이키고 수용하기 전까지는 눈물이 쏙 빠지게 하신다. 그래서 하나님이시다. 피조물인 우리는 빨리 항복하는 것이 가장 지혜로운 길이다. 버텨 봐야 그만큼 세월만 보내고, 몸과 정신이 상하며 쇠약해진다. 결국은 하나님이 당신의 자녀에게 승복을 받아 내신다. 지혜로운 사람은 주님과 시험해서 이길 싸움이 아니라는 것을 알고 빨리 순복한다. 주님 앞에 엎드리는 것이다. 이것은 마지못해 하는 굴복이 아니다. 이것은 '행복한 항복'(happy surrendering)이다. 비로소 인간이 있어야 할 자리로 찾아갔기 때문이다. 그때 주님이 서서히 인생 광야를 벗어나게 해 주신다. 이 과정에서는 하나님만 붙들고 그 한 분에게만 인생을 걸어야 한다.

언젠가 묵상을 하는데 주님이 나에게 모진 마음을 또 하나 넣어 주셨다.

'이상학 목사, 너 자꾸 새문안교회, 네가 사랑하게 된 교회에서 은퇴한다고 말하지 마라.'

주님이 내가 보신 목회할까 봐 걱정하신다는 것을 알게 되었다. 11년간 잘 목회하고 은퇴하면 행복하고 좋겠지만, 주님은 내가 은퇴를 어떻게 행복하게 하느냐보다 나를 여기에 보낸 당신의 뜻이 이루어지는 것이 내 인생, 새문안교회, 한국교회 모두에게 훨씬 더 소중하다고 보시는 것이다. 생각해 보니 그곳에 연약한 마음이 똬리를 틀 수 있는 유혹이 있을 수 있다는 것을 나에게 비춰 보여 주신 것이다. 하나님은 이런 분이시다.

나눔과 적용

1. 하나님은 왜 택한 자들에게 고난을 주시는가? 당신이 가장 좋아하는 성경 인물을 떠올린 후, 그에게 고난이 없었다면 어떻게 되었을지를 이야기해 보라.

2. 당신의 둥지는 무엇인가? 당신은 지금 무엇에 안주하고 있는가? 하나님은 당신을 어떤 둥지에서 밀어내고 계시는가?

3. 하나님께 항복하지 않으려고 버틴 적이 있는가? 그 버틴 결과는 무엇이었는가?

"누가 우리를 그리스도의 사랑에서 끊으리요 환난이나 곤고나 박해나 기근이나 적신이나 위험이나 칼이랴 기록된바 우리가 종일 주를 위하여 죽임을 당하게 되며 도살당할 양같이 여김을 받았나이다 함과 같으니라 그러나 이 모든 일에 우리를 사랑하시는 이로 말미암아 우리가 넉넉히 이기느니라"(롬 8:35-37).

9. 당신은 진정 믿는가,
그리스도의 승리를

앞서 말한 독수리가 살아가는 이야기는 한 그리스도인이 사명자로 살아가는 내적 힘을 발견하는 과정과 깊이 관련되어 있다. 새끼 독수리는 둥지에 있는 자기를 콕콕 찍어서 그 둥지를 벗어나게 하고 낯선 땅으로 밀어내어 낭떠러지로 떨어뜨리는 어미 독수리의 심정을 아직 알지 못한다. 어미가 그저 모질다고만 생각한다. 그런데 마침내 날기 시작한 독수리가 장성하면 자기도 그렇게 한다. 짝을 만나 새끼를 낳으면 그도 자기가 어렸을 때 경험한 그대로 한다. 그 이유는 그렇게 하도록 배웠기 때문도 아니고, 마땅히 그렇게 해야 해서도 아니다. 그것이 옳고 좋은 것임을 알았기 때문이다.

'나를 정말 창공의 왕으로 만들어 주고 싶어서 어머니가 그

렇게 모질게 했던 거구나.'

한 세대 앞의 어미의 마음을 그다음 세대 어미가 알게 되는 것이다. 일종의 정신적 연합(union)이다.

왜 그리스도인이 사명자로 서기 전에 광야에서 훈련받는 일이 그리 중요할까? 그것이 인생 광야 학교를 통해 직접 받는 훈련이건, 교회나 기독교 훈련 단체 혹은 양육 훈련 단체를 통해 받는 훈련이건 왜 그리 필요한 것일까? 이유는, 훈련을 통해 하나님의 마음을 알게 되기 때문이다. 신앙에 철이 드는 것이다. 자식이 철이 들면서 부모의 마음을 알아 가듯, 광야 학교에서 눈물 젖은 빵을 먹고 기도와 말씀으로 사는 법을 배우며 하나님의 심정을 알게 된다. 이때 하나님이 자신을 얼마나 사랑하시는지를 몸으로 알게 된다. 주님이 당신의 자녀를 독수리가 낭떠러지에서 새끼를 떨어뜨리듯 훈련하시는 첫 번째 이유가 바로 이것이다. 하나님의 사랑을 알게 하시려는 것이다. 그리고 이 훈련이 끝나 갈 무렵 그 사람 안에 싹이 하나 트게 된다. '새로운 씨앗', '하나님을 사랑하는 씨앗'이다. 하나님이 자신을 사랑하시는 것을 알게 되었을 때, 그 안에 하나님을 사랑하는 씨앗이 심겨져 자라나게 된다. '나도 하나님을 사랑해!' 하는 마음이 찾아온다. 이 마음이 훈련을 통해서 싹을 틔우게 된다. 이것이 주님이 당신의 사랑하는 자녀에게 고난을 주시는 두 번째 이유다. 그리고 바로 이것이 한국 교회에서는 미계발된 대목이다.

✦ 사랑하기 때문에

우리가 신앙하는 동기는 모두 다를 수 있다. 모태에서부터 출발해 신앙을 하는 것이든, 아니면 살기 위해 믿기 시작하는 것이든, 죽어서 천국에 가기 위해 믿는 것이든, 믿기 시작하는 동기는 다양하다. 어떤 출발이어도 좋다. 하지만 시간이 흐르고 세월이 가면서 신앙의 동기와 방향이 점점 정화되어야 한다. 정화된다는 말은 제철소에서 철을 정련하듯 태울 것은 태우고 녹일 것은 녹여서 순금 같은 신앙의 동기가 설정되어야 한다는 뜻이다. 이렇게 정화되어야 하나님께 영광이 되고, 짧게 살다 가는 인생 속에 큰 결실을 올려 드릴 수 있다.

> "네 마음을 다하고 목숨을 다하고 뜻을 다하여 주 너의 하나님을 사랑하라 하셨으니 이것이 크고 첫째 되는 계명이요"
>
> (마 22:37-38).

모든 율법과 계명의 가장 큰 핵심은 하나님을 사랑하기 때문에 그렇게 하는 것이다. 안식일을 지키는 이유는 하나님을 사랑하기 때문이다. 그리고 이것이 신앙의 동기가 되어야 한다. 하나님을 사랑하기 때문에 안식일을 거룩하게 지키고, 하나님을 사랑하기 때문에 다른 신을 섬기지 않으며, 하나님을 사랑하기 때문에 그분의 나라를 신뢰하고 추구하는 것이다. 다른 불순물이 끼면 안 된다. 이 불순물이 오히려 불태워지며 정리되는 것이 정화다. 이 정화의 과정을 신앙에서는 '영성 형성'(spiritual formation)이라고 한다. 즉 신앙의 색과 내용을 형성하는 것이다.

우리가 겉으로는 다 그리스도인이지만 그 안으로 들어가 보면 각자가 가진 신앙의 내용과 색깔이 있다. 그런데 한국 교회는 영성 형성이 하나님 사랑 쪽으로 정향되어 있지 않다. 몇 가지 이유가 있지만 가장 큰 이유는, 자신의 정체성의 핵심이 건강하게 자리 잡고 있지 못하기 때문이다. 그리스도인의 정체성을 이루는 데는 여러 가지 성향과 성격 등의 요소가 있다. 예를 들어, 어떤 사람의 자기 정체성의 핵심은 '용서받은 죄인'이고, 어떤 사람은 '의인이자 죄인'이고, 또 어떤 사람은 '성령으로 치유 받아 온전해져 가야 하는, 여전히 깨지거나 넘어지기 쉬운 병자이고 환자다. 그래서 주님이 필요하다. 나는 하나님의 자녀이자 백성이자 형제이자 그리스도의 군사다'라는 식으로 각각 다르다. 이렇게 우리의 정체성을 형성하는 요소는 다양하다. 그런데 이 중에서 어떤 것이 핵심이냐에 따라 영성 형성의 내용이 달라진다. '내가 누구인가'가 '내가 무엇을 해야 할 것인가'를 알려 주기 때문이다. 그래서 이 정체성은 굉장히 중요하다.

우리는 자신이 다니는 교회의 교인이라는 정체성을 너무 강하게 가져서는 안 된다. 자칫 자신도 모르게 소위 '교회 우상주의'에 빠져 그 교회를 다스리고 이끄시는 하나님의 뜻을 이루는 데 오히려 발목을 붙잡힐 수 있기 때문이다. 교회를 사랑하는 것이 잘못되었다는 것이 아니다. 정체성의 핵심을 무엇으로 가지느냐가 더욱 중요하다는 것이다. 죄인이 정체성의 핵심이라면, 그는 죄 용서가 신앙의 가장 큰 화두일 것이다. 병자가 핵심이라면, 내적인 병을 고치면서 영적으로 건강하고 온전해질 것을 집요하게 추구할 것이다. 그리스도의 군사이면 영적 전쟁에서 승리하는 것이 목적이 된다. 그러니 정체성을 무엇으로 보느냐는 우리의 신앙의 방향을 정하는 데 매우 중요한 부분이다.

어떤 사람은 이렇게 오해할 수 있다. '하나님의 자녀로서 나는 사랑받는 자다!'라는 자아의식이 강하면 그것은 자칫 그리스도인을 응석받이처럼 만드는 것이 아닌가? 그리스도인을 이기적이고 자기중심적인 사람으로 만드는 것이 아닌가? 아니다. 성령이 바르게 역사하시면 그런 일은 없다. 참사랑은 사랑을 낳는다. 사랑은 강제로 얻어 낼 수 없다고 하지 않았는가? 영적인 훈련을 받게 되면 하나님의 마음이 보인다고 했다. 주님이 왜 나를 콕콕 찍어 인생 둥지 밖으로 몰아내셨는지, 왜 낭떠러지에서 떨어뜨리셨는지 그리고 어떻게 나를 그 추락하는 낭떠러지에서 기가 막히게 건져 내셨는지 알게 된다. 그러면 이 사람 안에 자신도 그 주님을 사랑하고 싶다는 마음이 자라나게 된다. 주님을 사랑하게 되므로 주님이 원하시는 것을 그도 원하기 시작한다. 명령해서 억지로 하는 것도 아니고, 벌 받을까 봐 두려워서 하는 것도 아니고, 천국에 가야 하니 천국 티켓을 얻기 위해서도 아니다. 사랑하는 분이 원하시는 것이 곧 그의 소원(desire)이 되어 가기 때문에 주님의 명령을 따르기 시작하는 것이다. 그래서 하나님을 향해 살기 시작하고, 하나님을 위해 살기 시작한다. 그분의 나라를 순수하게 추구하고 싶은 열망이 시작되는 것이다. 죄의식에 사로잡혀서 두려우신 하나님께 쫓기듯 신앙의 삶을 사는 것보다 신앙의 초기 속력은 느릴 수 있지만, 훨씬 자발적이고 능동적이기에 점점 그 걸음이 가볍고 빨라진다. 그리고 기쁨으로 십자가 밑에까지 갈 수 있다.

✦ 삶이 건네는 말에 귀 기울이라

사도 바울이 회심하기 전, 그는 다메섹 도상에서 예수님을 만났다. 바울은 이때 구약의 하나님이 정죄하고 심판하시는 분이 아니라는 것을 알았다. 예수 그리스도 안에서 얼마나 자신을 사랑하시는지를 깨달은 것이다. 그리고 눈에서 비늘이 벗겨졌을 때 하나님의 은혜가 자기 인생 속에서 차고 넘치는 것을 보게 된다. 마음껏 누리고, 활용하고, 즐기면서 사는 것에 대해 누구도 잘못되었다고 말할 수 없다. 자유하기 때문이다. 그런데 하나님 사랑을 알게 되니 더 거룩한 열망이 저 밑바닥에서부터 올라오는 것이 아닌가! 자신도 주님을 정성 다해 사랑하고 싶다는 마음이 일어나 주님이 가장 원하시는 것을 하기 시작한다. 자기가 받아 누린 이 놀라운 은혜, 이 복음을 다른 이들에게 전하는 것이다.

이 대목에서 바울이 자신의 사명을 발견해 나가는 과정을 보면 그가 여태까지 살아오던 방향과 전혀 무관하지 않다. 그는 바리새인으로서 구약의 하나님을 진지하게 연구하면서 주변에 가르치고 전해 왔다. 이미 구약의 하나님을 전도해 온 것이다. 그런데 예수 그리스도를 만났다. 하나님이 예수 그리스도 안에서 새로운 창조를 시작하셨다는 것을 알게 되었다. 그리고 이제 그는 그 하나님을 전한다. 바울이 여태껏 살았던 자기 인생과 단절되어 다른 일을 하는 것이 아니라는 뜻이다. 이 부분은 하나님께 사랑받는 사람이 자기 정체성을 어떤 방향에서 정할 것인지, 또 어떻게 하나님을 사랑하고 섬기며 살 것인지 그 부르심을 이해하고 사명을 발견하는 데 굉장히 중요하다.

'나는 정말 무엇을 해야 하는가? 하나님은 내가 무엇을 하며 당신을 사랑하며 살기를 원하시는가?'

여태까지 살던 인생 속에 키와 해답이 들어 있다. 바울이 걸어 왔던 인생 속에 바울의 사명이 숨어 있는 것과 마찬가지다. 어떤 사람이 가지고 있는 기질과 성향 그리고 인생 경험 속에는 그 사람이 가진 독특하고 고유한 부르심이 들어 있다.

마틴 루터 킹(Martin Luther King Jr.) 목사는 어려서 자신이 흑인이라는 사실이 너무나 싫었다고 한다. 흑인이라는 사실 때문에 수많은 인생의 기회를 박탈당하는 것 같아서 자기 출생을 스스로 거부하고 인생을 부정한 것이다. 그러다가 예수님을 인격적으로 만나게 되었다. 모태 신앙인데 모태의 틀을 깨고 살아 계신 예수님을 실제로 경험한 것이다. 거듭난 것이다. 그러면서 하나님이 자기 출생을 혐오하는 자신을 만지고 치유해 주시는 것을 경험하게 된다. 그리고 그 끝에 그가 사명을 발견하게 된다. 하나님이 자신을 흑인으로 선택해서 불러 주신 데는 이유가 있다는 것을 알게 된다. 사명을 깨닫게 된 것이다. 이후 그는 목회자의 길을 가고, 흑인 민권 운동에 앞장서게 된다. 미국에서는 오늘의 미국이 있게 한 위인 중 두 사람의 생일을 휴일로 삼고 있는데, 한 명은 에이브러햄 링컨(Abraham Lincoln) 대통령이고, 다른 한 명은 바로 마틴 루터 킹 목사다. 역사는 두 사람 모두를 미국의 통합에 결정적으로 기여했다고 평가한다.

미국의 기독교 교육학자이자 영성학자인 파커 파머(Parker J. Palmer)가 쓴 《삶이 내게 말을 걸어올 때》(한문화 역간)라는 책이 있다. 제목을 직역하면 '삶이 네게 말하게 하라'(Let Your Life Speak)다. 이 제목이 책의 주제를 잘 말해 주는 것 같다. 이 책에서 말한다.

사명은 절대로 여태까지 걸어왔던 길과 무관하지 않다. 당신의 걸어온 삶에 귀를 기울이라. 거기에 당신의 사명이 숨어 있다.

하나님은 항상 우리가 살아온 삶 속에서 소명을 말씀해 주신다. 그러므로 삶이 우리에게 말하는 것을 잘 귀 기울여 들으면 거기에 소명(calling)과 사명(mission)이 있다. 인생에서 큰 상처를 받았거나 큰 아픔을 겪었다면 그 상처와 아픔이 치유

된 자리 옆에 부르심이 있을 가능성이 매우 크다는 것을 알 수 있다.

마틴 루터 킹 목사의 부르심은 자기가 흑인으로 태어나서 살았다는 것에서부터 시작된다. 자신은 흑인으로 태어나서 사는 것을 원망하고 심지어는 혐오했지만, 하나님을 만난 후에는 그분이 자신을 흑인으로 불러 주셨다는 것을 알게 된다. 그러면서 자신이 흑인이라는 사실을 더 이상 혐오하지 않고 오히려 자랑스러워하게 된다. 피부는 하나님이 주신 것이기 때문이다. 그가 사는 세상 문화와 가치는 그를 끊임없이 니그로(Nigro)라고 손가락질하고 조롱한다. 그러나 그는 오직 하나님 앞에서 그분이 자신에게 주신 정체성을 견고하게 붙잡았다.

"너는 내 사랑받는 자다. 나는 너의 피부색을 사랑한다."

그는 점점 치유되고 회복되어 가면서 어느 날부터 자신을 그리스도 안에서 진정으로 사랑하게 된다. 그리고 하나님의 은혜가 자기 같은 흑인에게도 얼마나 차고 넘치는지를 보게 된다. 바로 거기서 하나님이 자신뿐만 아니라 많은 흑인을 인종 차별 폐지 운동이라는 아름다운 사건으로 부르고 계신 것과 자신을 이를 위해 쓰기 원하신다는 것을 알아차리게 된다.

✦ 우리를 통해 승리하시는 하나님

우리는 생에 많은 아픔과 어려움을 겪으며 살아간다. 우리나라에 표면적으로 드러나 있는 우울증 환자만 백만 명이 넘는다고 한다. 이런 것을 드러내기 꺼리는 우리의 성향을 생각해 보면 더 엄청난 사람들이 우울증으로 다양한 종류의 정신적 아픔을 겪고 있을 것이다. 가장 주된 이유는 무엇일까? 사회 환경이 쏟아 내는 엄청난 부정적 에너지들에 의해 끊임없이 상해 버리는 것이다. 상처 받고 고통스러워하고 아파하는 것이다. 그런데 기독교는 이 부분을 달리 보도록 초대한다.

"그 속에서 주님이 무엇인가 작업하시는 것이 있다면 밀어내지 말고 그것을 수용해라. 너를 치유하고 회복시켜 주시는 그 자리에 하나님의 부르심이 있다. 흙수저로 태어난 것을 원망하지 마라. 가난한 집에 태어나 교육을 제대로 받지 못한 것을 속상해하지 마라."

이렇게 그 속에 하나님의 우리를 향한 소중한 부르심이 있을 수 있다고 말하고 있다. 하나님을 사랑하게 된 사람은 이 부르심에 아주 적극적이고 기쁘고 자유한 자세로 반응한다. 하나님의 일을 하는 태도가 달라진다. 하나님께 사랑받는 자이기 때문이다. 그래서 하나님의 자녀로서 일을 하며, 그렇기 때문에 예수 믿으며 받는 고난에 아주 의연하다. 바울이 이 부분을 우리에게 정확히 가르쳐 주었다.

> "성령이 친히 우리의 영과 더불어 우리가 하나님의 자녀인 것을 증언하시나니 자녀이면 또한 상속자 곧 하나님의 상속자요 그리스도와 함께 한 상속자니 우리가 그와 함께 영광을 받기 위하여 고난도 함께 받아야 할 것이니라"(롬 8:16-17).

"고난 받고 있는가? 너의 형님이 되고 오빠가 되셨던 그리스도 역시 고난을 받으셨다. 하나님의 상속권 갖기를 원하는가? 그리스도의 상속자로 함께 있기를 원한다면 그와 함께 영광 받기 위해 이제는 고난도 함께 받아야 한다."

이렇게 말하는 사람은 자신이 있다. 절대로 이 고난이 자신을 하나님의 사랑에서 끊어 낼 수 없다는 확신이 있다. 그래서 이렇게 노래한다.

> "누가 우리를 그리스도의 사랑에서 끊으리요 환난이나 곤고나 박해나 기근이나 적신이나 위험이나 칼이랴"(롬 8:35).

인간을 가장 고통스럽게 만드는 것들이 이 한 문장에 집대성되어 있는데, 이를 고난으로 여기지 않는다면 놀라운 일이다. 사랑하는 분을 위해 하는 일이기 때문에 그렇다.

안식년 이후에 특새를 하면서 몸이 힘들었다. 5개월 반에서 6개월 정도를 쉬었더니 몸이 사역을 안 하는 데 익숙해져 있었던 것 같다. 매일 한 편의 설교를 만들어 내는 것이 보통 일이 아니다. 한 편을 만들어 내고 나면 나도 모르게 '후' 하고 숨이 나온다. 그러나 이전에는 한숨이었고, 지금은 안도의 숨이다. 아내가 옆에서 보고 있다가 "힘들어서 어떻게 해요"라고 하기에 "괜찮아. 주님 사랑하니까 하는 일인데 뭐"라고 말했다. 이렇듯 육체적인 어려움은 동일할 수 있지만, 대하는 마음가짐이 달라질 수 있다. 하나님의 사랑을 경험한 사람은 이런 환난을 만나면 슬퍼하거나 자기 연민에 빠지지 않는다. '천국에서 내 상이 크구나' 하며 오히려 기뻐한다. 종의 걸음도 아니고 노예의 쇠사슬도 아니고 자유인의 걸음이기 때문이다. 그래서 어떤 그리스도인이 하나님 자녀의 정체성을 가졌다면, 그는 자기 인생을 하나님이 원하시는 만큼 끝까지 밀어붙인다. 그래서 바울은 이렇게 말한다.

"기록된바 우리가 종일 주를 위하여 죽임을 당하게 되며 도살 당할 양같이 여김을 받았나이다 함과 같으니라"(롬 8:36).

영어로는 'face death', 곧 '죽음에 직면하다'라고 되어 있다. 예수 믿는 것 때문에 도살장에 끌려가는 양같이 버림을 받는다. 사명자로 살아갈 때 어떤 자아의식을 갖느냐를 말해 주는 것이다. 하나님께 보내지는 사명자, 하나님께로부터 세상으로 파송되는 사명자, 하나님의 이름으로 교회에 파송 받아서 일하는 사명자, 그가 목회자이건 평신도이건 그는 무엇으로 파송이 될까? 양으로 파송된다. 그래서 도살당할 양같이 여김을 받는다고 말하는 것이다. 주님은 누가복음 10장 3절에서 이렇게 말씀하신다.

"갈지어다 내가 너희를 보냄이 어린양을 이리 가운데로 보냄과 같도다."

주님은 세상이 거칠다는 것을 아신다. 세상에는 이리 떼가 득시글거린다는 것도 아신다. 요즘은 교회도 세속화되어 있어서 교회 안에도 가라지와 이리 떼가 있을 수 있다. 그러나 2천 년 전에도, 그리고 지금도 주님은 당신의 사람을 양으로 파송하신다. 사자나 표범으로 무장해서 보내지 않으신다. 우리는 주님께 사랑받고 있고, 주님께 사랑받으면 그것으로 충분히 이길 수 있기 때문이다. 양으로 살아도 하나님의 사랑으

172

로 넉넉히 이기기 때문이다. 아니, 양으로 살아야 진정으로 승리를 거둘 수 있기 때문이다. 바울은 이어서 말한다.

"그러나 이 모든 일에 우리를 사랑하시는 이로 말미암아 우리가 넉넉히 이기느니라"(롬 8:37).

하나님이 우리를 통해 이기신다는 것을 진정 믿는가? 우리 개인이 가진 신조나 신념이나 가치관이 승리하는 것이라고 오해하면 안 된다. 하나님이 우리를 통해서 승리하시는 것이다. 하나님이 우리를 통해 승리하셔야지, 우리가 승리하려 해서는 안 된다. 바울은 이 부분에 명료하다. 하나님이 자기 안에서 승리하시는 것을 추구한다.

우리는 모두 하나님의 사랑하는 자녀이며 그분의 상속자다. 그리스도를 형님으로, 오빠로 모시는 상속자다. 그러면 우리는 내 형님, 내 오빠와 함께 영광을 받기 위해 고난도 기꺼이 받을 수 있다. 반드시 승리하기 때문이다.

하나님이 우리를 사랑하시는 것은 우리를 주님의 품안에서 영원히 어린아이처럼 있게 하시려는 것이 아니다. 이것은 '깊은 사랑'이다. 어느 순간 우리 영혼에 날개가 나기 시작할 때, 주님은 우리를 밀어내신다. 낯선 세상으로 밀어내며 낭떠러지로 떨어뜨리신다. 더 사랑하시기 때문이다. 그리고 그 속에서 당신의 자녀는 절대로 추락하지 않는다는 것을 확신하신다. 하나님의 자신감이다.

"이 모든 일에 우리를 사랑하시는 이로 말미암아 우리가 넉넉히 이기느니라"(롬 8:37).

나눔과 적용

1. 당신의 신앙의 동기는 무엇인가?

2. 살아온 삶을 반추해 볼 때 하나님은 당신에게 어떤 사명을 주셨다고 생각하는가? 그 사명을 이루기 위해 당신은 지금 하나님께 어떻게 반응하고 싶은가?

3. 하나님이 당신을 통해 승리하게 하신 경험이 있다면 이야기해 보자.

"그리스도 예수 안에서는 할례나 무할례나 효력이 없으되
사랑으로써 역사하는 믿음뿐이니라"(갈 5:6).

10. 진품 믿음은 이것이다

✦ **사랑이 모든 것을 변화시킨다**

앞서 언급했던 마틴 루터 킹 목사의 민권 운동에 관해 좀 더 이야기해 보자. 그가 민권 운동을 할 때 많은 흑인 지도자도 같이 흑인 해방 운동을 하고 있었다. 헌법적으로는 1865년에 이미 흑인 노예 해방이 되었지만, 내용으로 들어가면 100년이 지난 그때까지 흑인들은 여전히 미국 사회에서 철저한 차별을 받고 있었기 때문이다. 버스를 타면 흑인과 백인이 타는 칸이 철저히 구별되어 있었고, 화장실도 마찬가지였다. 흑인과 백인이 갖는 직업군 역시 철저히 나뉘었고, 그 안의 임금 구조는 더욱 철저히 차별되어 있었다. 승진의 기회는 말할 것도 없이 백인들이 더 많이 갖고 있었다. 이로 인해 백인들 안에는 우월 의식이 가득하고, 흑인들 안에는 '해도 안 된다'는 패배 의식과 좌절감이 가득했다. 당연한 결과로 흑인들의 마음에는 이런 차별적인 사회를 만들고 주도하는 백인들에 대한 분노와 적개심 그리고 증오심이 자라 갔다. 흑인 지도자들은 흑인들이 가진 이런 분노와 적개심을 민권 운동에 적극적으로 활용하려고 했으며, 심지어는 이 분노와 증오심을 부채질해서 운동을 활성화시키기도 했다. 여기서 눈여겨 볼 대목은, 이 지도자 중의 다수가 목회자였다는 사실이다.

목회자란 예수 그리스도의 사랑과 진리를 전하고, 세상 문화 한복판에 하나님 나라를 확장해 가는 데 앞장을 서야 하는 사람들이다. 이를 위해 인생을 바쳐야 하는 사람들이다. 그런데 이들이 오히려 특정한 목적을 이루기 위해 사람들 안에 있는 분노와 적개심을 이용하고, 심지어 사람들 마음속에 집어넣기까지 한다면 어떻겠는가? 이런 상황 속에서 마틴 루터 킹 목사가 민권 운동을 시작한다. 그리고 그는 철저히 미국에서의 흑인 민권 운동은 무저항, 비폭력 운동이어야 한다고 주창한다. 흑인 민권 운동은 분노와 두려움과 적개심에서 나온 폭력적 에너지나 파괴적 에너지가 아닌, 오직 사랑의 에너지로 행해져야 한다고 주창한다. 결국 하나님이 역사하셔서 마틴 루터 킹 목사의 민권 운동 정신이 대세를 이루고, 백인들도 그에게 깊은 감화를 받아 민권 운동이 성공을 거두게 된다. 그럼에도 미국 사회에는 여전히 흑인 차별이 도처에 존재하며, 이것이 다인종 사회인 미국 통합의 발목을 붙잡고 있다. 하지만 사랑에 기반한 국민 통합의 기본 정신이 승리를 거둔 면에서 인류 정신사뿐 아니라 하나님의 구속사에서 큰 진전을 이루었다.

✦ 사랑으로부터 비롯된 믿음

바울이 갈라디아 지역에 교회를 세우고 떠난 뒤에 그곳에 유대인 그리스도인들이 들어왔다. 그리고 이들은 바울의 복음과 결이 다른 복음을 전하기 시작했다. 예수를 메시아로 믿어 하나님의 자녀가 되고 구원을 얻을 때 무엇이 진정 필요한 것인가를 놓고 내부에서 논쟁이 벌어졌다. 오직 믿음 하나만으로 구속, 곧 죄 사함을 받고 하나님의 자녀가 되는 것이 맞는 것인가, 아니면 믿음 외에 할례도 받고 모세의 계명도 지켜야 하는 등 믿음에 어떤 요소가 부가되어야 구원을 얻는 것인가를 놓고 논쟁이 벌어졌다. 교회의 길을 정하는 데 있어 중요한 고비였다. 단순히 교회의 길뿐만이 아니라, 복음의 본질이 무엇이며, 복음으로 사는 것의 핵심이 진정 무엇이냐에 대해 판

결이 나는 중요한 고비였다.

바울은 이 부분에서 단호했다. 첫째, 여전히 오직 믿음이다! 믿음 플러스알파는 안 된다. 예수 그리스도를 믿는 것 하나로 구속, 곧 죄 사함을 받고 하나님의 자녀가 되며, 여기에 다른 조건은 없다. 행위는 말할 것도 없고 인종, 피부색, 언어, 문화, 이념, 가치관, 신념 체계 등 그 어떤 부가물도 있을 수 없으며, 있어서도 안 된다. 이 '오직 믿음'은 단순히 믿음의 순수함을 말하는 것 같았지만, 이것이 가져온 파장은 엄청났다. 결국 기독교가 보편적 세계 종교가 될 수 있는 토대가 '오직 믿음'이라는 교리에서 나오기 때문이다.

둘째, 그 믿음이 진품이 되기 위해서는 그 믿음의 형질이 '사랑'이어야 한다.

"그리스도 예수 안에서는 할례나 무할례나 효력이 없으되 사랑으로써 역사하는 믿음뿐이니라"(갈 5:6).

바울은 여기서 믿음 자체도 중요하지만, 그 믿음이 참인지 거짓인지를 분별하는 기준이 있다는 것을 가르쳐 준다. 매우 중요한 대목이다. 우리가 가진 믿음, 다른 누군가가 열정으로 쏟아 붓는 믿음이 진품인지 가품인지, 예수 그리스도께로부터 온 것인지 세상적인 것(the worldly)인지, 심지어 마귀가 뿌리고 간 것인지를 분별하는 기준이 있다는 것이다. 기준은 바로 그 믿음이 무엇으로 역사하느냐에 달려 있다. 무엇으로 역사해야 참 믿음인가? 그것은 '사랑으로써 역사하는 믿음'이다. 믿음은 사랑으로써 움직이며 작동되는 것이어야 한다.

원어로는 두 가지 의미를 갖고 있다. 첫째는, '사랑에 의해 작동되기 시작하는 믿음'(faith working by love)이다. 믿음의 기원을 말하는 것이다. 기독교의 믿음은 신념이 아니다. 하나님의 사랑이 가슴에 부딪쳐 오기 시작하면서 그분을 신뢰하기 시작하고, 그것이 하나님을 향한 믿음으로 장착된다. "그 사람 참 믿음이 좋아!"라고 할 때의 믿음이란 확신이나 신념이 강한 것을 말하는 것이 아니다. 기독교의 믿음은 살아 계신 하나님을 굳게 신뢰하는 것이고, 하나님이 반드시 승리하심을 믿는 것이다.

지도자들이 분노나 증오나 두려움을 이용해서 사람을 선동하는 이유는 분명하다. 자신이 없기 때문이다. 진정으로 자신의 신념이 이긴다는 자신이 없는 것이다. 그렇기 때문에 그런 부정적이고 파괴적인 에너지를 사람들에게서 끌어다 쓰고, 심지어 사람들에게 그 에너지를 불어넣는다. 마틴 루터 킹 목사는 자신이 있었으므로 사랑만을 추구할 수 있었다. 자신의 신념이 하나님께로부터 왔기에 반드시 승리한다는 자신이 있었던 것이다. 그러니 다른 잡스러운 것을 가져올 이유가 없고, 가져와서는 안 된다고 믿게 된 것이다. 하나님이 자신을 사랑하고 보살피시는 것을 확신하기에 세상 사람들과 다른 결정을 내리는 것이다. 이것이 사랑으로 역사하는 믿음이다.

둘째는, '사랑을 통해 표현되는 믿음'(faith expressing through love)이다. 어떤 믿음이 진정 그리스도로부터 나온 믿음이고 기독교의 믿음이라면, 그 믿음은 사랑으로 표현된다. 참 믿음에서 나온 행동은 사랑의 에너지를 쓰고, 사랑으로 자신을 표현한다. 절대로 분노나 적개심이나 누군가에 대한 두려움이나 불안함으로 표현되지 않는다.

미국 흑인 민권 운동사에서 사랑을 통해 표현되는 믿음을 보았다. 어떤 사람들은 기독교 언어를 쓰는 것이 신앙의 길이라고 말하는데, 그들에게서 뿜어지는 에너지와 내적 동기가 분노나 증오나 적개심이나 두려움에 근거한 것이라면 이것은 가짜 믿음이다. 우리 생명의 주님인 그리스도께서 주신 성령의 역사가 아니다. 거짓 믿음이다. 이것이 바울이 유대인 그리스도인들의 믿음을 수용할 수 없는 결정적인 이유 중 하나였다.

사회 운동에서 사랑 이외의 다른 내적 동기나 에너지를 쓴다면 표면적으로는 승리하고 세상이 변화된 것 같아 보일지라도, 실상은 그 악한 에너지가 승리한 것이다. 그 결과로 사랑이 아닌 분노와 증오와 적개심이 더욱 가득한 세상이 된다. 이는 기독교적 관점으로는 하나님 나라가 아니라 원수의 나라다. 세상의 모든 폭력적 운동이 정당하지 못한 이유다. 그렇게 되면 세상을 바꾼 것 같지만, 무늬만 바뀐 것이다. 종교적으로도 마찬가지다. 사랑에 기반하지 않은 그 어떤 종교 운동도 거짓이고 사이비다. 진리가 아니다. 그래서 갈라디아서 5장 7-8절에서는 "너희가 달음질을 잘하더니 누가 너희를 막아 진리를 순종하지 못하게 하더냐 그 권면은 너희를 부르신 이[예수 그리스도/내 생명의 주님]에게서 난 것이 아니니라"라고 말씀한다. 이 말씀의 의미는, 누군가가 아무리 자신의 믿음이 그리스도에게서 나온 것이라 주장할지라도 그것이 진정 그리스도에게서 나온 것인지 아닌지는 그의 말이 아니라 그 말을 하는 사람 안에 있는 마음의 에너지가 어떤 것이냐에 달려 있다는 것이다.

✦ 당신 안에 있는 사랑을 점검하라

사랑이 흐르고 있는가? 하나님의 절절한 사랑이 당신 안에 부덮쳐 오고, 그 사랑이 당신으로 하여금 어떠한 일을 하게 만들고 있는가? 그분의 사랑이 당신 안에서 흘러나와 당신으로 하여금 형제자매를 진정으로 사랑하기에 그 일을 하게 하는가? 아니면 누군가에 대한 증오심, 분노, 서운함, 원망, 두려움 등이 당신과 당신의 형제자매를 움직이는 에너지가 되고 있는가? 후자면 그것은 '너희를 부르신 이로부터 난 것'이 아니다. 그것은 누룩이다.

"적은 누룩이 온 덩이에 퍼지느니라"(갈 5:9).

여기에서 신앙의 동기를 정화하는 일이 얼마나 중요한지를 알 수 있다. 우리는 신앙을 실천하면서 살려 하지만, 세상은 여전히 만만하지 않게 느껴진다. 무엇보다 우리 마음에는 이미 과거에 받아 치유되지 않은 채 누적된 상처가 많다. 악한 문화는 계속 우리에게 상처와 아픔을 준다. 우리는 사람들을 통해 다양한 상처를 받는다. 그 한 사람은 그냥 슥 긁고 간 것뿐이지만, 그것이 쌓이고 쌓여서 우리 내면은 갈기갈기 찢기고, 속은 곪아 터져 버리게 된다. 그때 우리 가슴을 뜨겁게 달아오르게 하는 어떤 자극이 들어오면 우리 안에 있던 다루지 않은 상처는 그대로 둔 채 얼른 그것을 붙잡고 내달리게 된다.

결국 그것이 어느 순간부터 부정적 에너지가 되어서 다른 누군가에게 똑같은 식으로 쏟아 붓게 한다. 시집살이한 며느리가 나중에 혹독한 시어머니가 된다는 말이 있다. 살면서 응어리진 상처가 한이 되고, 그 한이 이제는 타깃을 만나 다른 누군가에게 쏟아 부어진다. 그리고 그 한이 또다시 다른 누군가에게 쌓인다. 상처의 운동이요, 해결되지 않고 응축된 한(恨)의 운동이다. 마귀가 좋아하는 세상이 되는 것이다. 이처럼 부정적 에너지로부터 기인한 것은 겉으로는 믿음이라 하지만 참 믿음이 아니다.

예수님은 어떻게 거짓된 믿음으로 가지 않으셨을까? 살면서 많은 박해와 공격과 오해를 받았는데, 어떻게 그것을 사랑으로 역사하는 믿음 안에서 이겨 내셨을까? 누군가에게 억울한 일을 당하면 사람이 변하여 순한 양이 하이에나가 되고 늑대가 된다. 모조 명품 가방이 비를 맞으면 변질되어 그 본모습을 드러내듯이, 인생의 험한 비바람을 만나면 아직 진품이 되지 못한 우리는 거칠어진다. 그런데 어떻게 예수님은 그 많은 외부의 공격에도 양으로 시작해서 끝까지 양으로 십자가를 향해 가실 수 있었을까? "이는 내 사랑하는 아들이요 내 기뻐하는 자"라는 하나님의 사랑이 그분의 내적 존귀함을 견고히 지켜 주었다. 하나님의 사랑! 이것이 외부의 공격에도 자기 정체성을 흔들리지 않게 하여 이리 떼 속에서도 양으로 살 수 있는 내적 힘이 되며, 사랑으로 역사하는 믿음을 계속 견지할 수 있게 하는 능력이 되었던 것이다. 이 하나님 사랑에 의해 형성되고 작동되는 믿음이 넉넉히 역사하여, 하나님의 동산인 세상을 헤집는 이리 떼의 영적 공격에 현혹되지 않고, 오직 양으로 살아 세상을 양들의 세상으로 만드는 일에 사용되게 해 준다.

나눔과 적용

1. 누군가에게 받은 사랑으로 인해 감동을 넘어 변화된 경험이 있다면 이야기해 보자.

2. 당신의 믿음은 가족 혹은 다른 사람들에게 어떻게 표현되고 있는가? 반대로, 가족이나 다른 사람들은 당신의 믿음을 어떻게 평가하는가?

3. 당신은 세상에서 받은 상처를 어떻게 해결하는가? 그 상처를 건강하게 해결하기 위해 필요한 것은 무엇이라고 생각하는가?

"예수께서 여리고로 들어가 지나가시더라 삭개오라 이름하는 자가 있으니 세리장이요 또한 부자라 그가 예수께서 어떠한 사람인가 하여 보고자 하되 키가 작고 사람이 많아 할 수 없어 앞으로 달려가서 보기 위하여 돌무화과나무에 올라가니 이는 예수께서 그리로 지나가시게 됨이러라 예수께서 그곳에 이르사 쳐다보시고 이르시되 삭개오야 속히 내려오라 내가 오늘 네 집에 유하여야 하겠다 하시니 급히 내려와 즐거워하며 영접하거늘 뭇사람이 보고 수군거려 이르되 저가 죄인의 집에 유하러 들어갔도다 하더라 삭개오가 서서 주께 여짜오되 주여 보시옵소서 내 소유의 절반을 가난한 자들에게 주겠사오며 만일 누구의 것을 속여 빼앗은 일이 있으면 네 갑절이나 갚겠나이다 예수께서 이르시되 오늘 구원이 이 집에 이르렀으니 이 사람도 아브라함의 자손임이로다 인자가 온 것은 잃어버린 자를 찾아 구원하려 함이니라"(눅 19:1-10).

11. 사랑,
참 자유와 해방의 원천

***

✦ 인간을 얽매는 죄의 영향력

인간 안에는 선을 행할 능력이 있는가? 물론 선을 행할 능력이 있다. 2023년 연말 뉴스에 광화문에 불우 이웃을 돕기 위해 세워진 사랑의 온도계가 다 채워졌다는 보도가 나왔다. 사람이 모두 자기 살기에 급급하여 연약한 이들을 살펴 줄 겨를이 없다고 하지만, 그래도 우리는 날씨가 추워지고 성탄 시즌과 연말이 다가오면 가난한 사람이 생각나고, 혹시 얼어 죽어 가는 사람은 없는지 마음이 간다.

그렇다면 인간에게는 '항상' 선을 행할 능력이 있을까? 여기서 항상이라는 말은 24시간이라는 뜻이 아니다. '의지하고 열망하면 언제든지'라는 뜻이다. 24시간 선을 행하며 살 수는 없지만, 인간은 자기가 결심하여 마음만 먹으면 선을 행할 능력이 있는가? 결론부터 말하면 없다. 마음먹는다는 말은 원하고 원해서 의지를 발동한다는 뜻인데, 인간은 자신이 선을 행할 때라고 마음먹는다 해서 그 의지대로 행동할 수가 없다. 예를 들어, 지금 호주머니에 만 원짜리 한 장이 남아 있다고 가정해 보자. 이것으로 오늘 저녁 끼니를 때워야 한다. 국밥 한 그릇 정도 먹을 수 있는 액수다. 그런데 길을 가다가 너무나 측은하게 구걸하는 소년이 쭈그리고 앉아 있는 것을 본다. 이때 호주머니에 남은 유일한 만 원짜리 한 장을 꺼내어 이 아이에게 건넬 수 있을까? 우리 안에 있는 양심은 '네가 저 아이를 도와주어야 한다'고 분명히 말한다. 하지만 그렇게 할 수가 없다. 그렇게 하면 오늘 저녁은 굶주린 배를 움켜쥐고 잠을 청해야 하기 때문이다. 무엇을 말하는 것일까? 사람은 머리로 원하고 가슴으로 의지(will)한다고 해서 그대로 실행하여 선을 행할 수 있는 존재가 아니라는 말이다. 사도 바울이 인간의 이런 모습을 이미 간파했다.

"그러므로 내가 한 법을 깨달았노니 곧 선을 행하기 원하는 나에게 악이 함께 있는 것이로다 내 속사람으로는 하나님의 법을 즐거워하되 내 지체 속에서 한 다른 법이 내 마음의 법과

싸워 내 지체 속에 있는 죄의 법으로 나를 사로잡는 것을 보는

도다"(롬 7:21-23).

우리 안에 있는 한 다른 법이 우리 마음의 법, 우리 양심의
법과 싸운다. 한 다른 법이 무엇인가? 우리 안에 있는 낯선 힘,
곧 죄의 힘이다. 무엇이 옳고 그릇된 것인지 알지만, 그 앎을
담백하게 실행하지 못하도록 만드는 우리 안의 다른 힘이 있
다. 이 힘이 우리를 몰고 가, 양심은 '저 아이를 위해 오늘 가
진 네 만 원을 주어라'라고 말하지만 우리는 그리 할 수가 없
다. 나아가 우리 안의 악한 힘이 역사해서 우리를 온갖 수렁에
빠지게 만든다. 우리는 악한 힘이 역사하는 수렁에서 벗어나
야 한다고 의지하지만, 그 힘이 끊임없이 우리의 발목을 붙들
어 옴짝달싹 못 하게 만든다. 마약이 나쁘다는 것과 그것을 오
래 하면 병에 걸린다는 것을 알지만, 마약에 중독된 사람은 그
약을 끊을 수 없다. 끊는 것이 옳다는 것을 알지만 그것을 실
행할 수 없다. 그 사람 안에 있는 죄의 힘이 역사하고 있기 때
문이다. 정도는 다르지만 모든 인간에게는 이런 모순과 한계
와 뼈아픈 약점이 있다. 그래서 예수님이 말씀하신 것이다.

"마음에는 원이로되 육신이 약하도다"(마 26:41).

육신 안에 있는 죄의 힘이 우리 마음이 원하는 것을 하지 못하도록 도처에서 발목을 붙들고 우리 몸을 밧줄처럼 칭칭 감고 있다는 이야기다. 불신자들만이 아니라, 그리스도인들도 이런 모순을 자기 안에서 경험한다. 하나님이 무엇을 원하시는지는 분명히 안다. 하나님이 무엇을 기뻐하지 않으시는지도 안다. 하지만 그것을 하고 싶지 않다. 그러다 보면 어느 날 자신도 모르게 그 방향으로 굳어져 있다. 우리 안에 남은 죄의 영향력 때문이다.

✦ 삭개오, 사랑의 시선에 사로잡히다

인생을 멋지고 아름답고 가치 있게 사는 길은 명료하다. 그렇다면 어떻게 해야 이 죄의 힘에서 해방될 수 있을까? 결국은 우리 안에 여전히 남은 죄의 영향력에서 해방되는 것, 이것이 관건이다. 세리장 삭개오의 이야기는 그것을 말해 주고 있다. 해방되는 이야기, 자유하게 되는 이야기다.

"오늘 구원이 이 집에 이르렀으니"(눅 19:9).

이때의 구원은 단순히 죄의 용서가 아니라, 삭개오가 죄의 영향력에서 자유하게 되고 해방된 것이다. 삭개오의 직업은 세리였다. 지금으로 치면 세금을 거두어들이는 직업이다. 로마가 식민지 이스라엘에서 세금을 포탈할 때 어디에 무엇이 숨어 있는지 잘 몰라 현지에 있는 사람들을 고용해서 속속들이 세금을 파악해 돈을 거두어들였다. 그렇게 세워진 사람들이 세리다. 그러니 이 세리들은 이스라엘 편에서 볼 때는 백성의 고혈을 빨아먹는 민족의 반역자라고 볼 수 있다. 당연히 백성은 세리를 아주 싫어하고 혐오했다.

삭개오는 이 세리들 중에서도 여리고의 세무를 관할하는 세리장이었다. 제대로 된 친구 하나가 없었을 것이다. 늘 질시와 혐오를 감당하면서 살아야 했을 것이다. 게다가 유달리 키가 작아서 외모가 볼품이 없었다. 살면서 마음 줄 곳도 없고, 기댈 구석도 없었다. 그러니 아마도 악착같이 돈을 버는 일에 몰입했을 것이다. 성경에 굳이 쓰지 않아도 되는데 '또한 그는 부자라' 말한 것은 이 사람이 굉장한 부를 축적했을 뿐만 아니라 부를 추구하는 사람이었다는 것이다. 그렇다면 이 사람은 사는 것이 행복했을까? 아니다. 절대로 행복하지 않았을 것이다. 왜 세리를 하게 되었는지, 부모로부터 물려받은 것인지, 아니면 그 일을 자처하게 되었는지는 알 수 없지만, 남들이 혐오스럽게 여기는 일을 계속하고 있다는 자체가 다른 사람은 모르는 내면의 사정이 있다는 것이다. 의도적으로 악한 짓을 하건, 어쩔 수 없기에 그리 하건, 그에게는 사연이 있는 것이다. 뒷골목에서 주먹 하나로 먹고사는 깡패도 만나서 이야기를 들어 보면 다 사연이 있는 것처럼 말이다.

어느 날 예수라는 분이 자기 동네를 지나간다고 하는데 삭개오는 이분을 얼굴이라도 꼭 보고 싶었다. 그런데 사람이 산을 이룰 정도로 많고 자기는 키가 작아 가까이 갈 수 없어 돌무화과나무에 올라가 지나가는 예수님을 보려 했다. 때마침 지나가시는 예수님의 시선에 나지막한 나무 위에 올라가 있는 그의 모습이 확 빨려 들어왔다. 무슨 생각이 드셨는지, "삭개오야 내려와라. 내가 오늘 네 집에 있어야겠다" 하고 말씀하셨다. 삭개오는 자기 귀를 의심하며 급히 내려와 즐거워하며 예수님을 영접했다고 성경은 말씀한다.

얼마나 신이 나고 행복했을까? 유명하고 훌륭한 분이 자기처럼 천대받고, 손가락질당하고, 사람들 시선에 늘 거치적거리기만 하는 사람의 집에 오신다니, 얼마나 흥분되고 신이 났을까? 이게 꿈인지 생시인지 분간이 안 되었을 것이다. 새 가족들은 담임목사와 식사해도 "목사님, 영광입니다"라고 이야기하곤 한다. 이런 목사와는 비교할 수 없는 훌륭한 분이 자기 같은 비천한 자의 집에 오신다니 얼마나 흥분이 되었겠는가?

반대로 주변의 사람들은 눈이 동그래졌다. "저 사람이 또 죄인의 집에 들어가네. 병자와 가난한 자와 여자와 어린아이들과 함께 있더니 이제는 세리의 집에까지 들어가 함께 유하려 하네" 하며 뒤에서 수군거리고 앞에서 손가락질한다. 예수님은 그러거나 말거나 삭개오의 집에 들어가셨다. 삭개오와 음식을 나누며 한참을 대화하는데, 그가 뜬금없이 말한다.

"삭개오가 서서 주께 여짜오되 주여 보시옵소서 내 소유의 절반을 가난한 자들에게 주겠사오며 만일 누구의 것을 속여 빼앗은 일이 있으면 네 갑절이나 갚겠나이다"(눅 19:8).

영어 성경에는 분명히 'Lord'라고 나온다. 'Teacher'가 아니다. "이분이 메시아다. 호기심으로 그냥 보고 싶었던 것인데, 이분이 우리 이스라엘 민족이 그토록 기다렸던 메시아다."

그는 평생을 돈을 움켜쥐고 살아왔던 사람이다. 이 돈은 세리 삭개오에게 그냥 물질이 아니라 자기 인생의 모든 것이다. 이 물질이 있어야 사람들에게 멸시받지 않는다. 이 물질이 있어야 하찮게 대접받지 않는다. 이 물질이 있어야 사람들이 자신을 한 번은 바라보게 된다. 그래서 이 물질을 모으려고 악착같이 살아왔다. 세리 삭개오에게 돈은 울타리요, 인생의 버팀

목이고 안전판이다. 그리고 능력이다. 이것 때문에 사람들이 그를 하찮게 보지 않고 굽실거리기도 하는 것이다.

그런데 이날 그에게 무슨 일이 일어났는지 모르지만, 평생을 의지하고 추구해 왔던 그것을 반을 뚝 잘라 가난한 사람들에게 주겠다고 한다. 그러면서 과거의 삶을 철저히 회개한다.

"세리로서 누구의 것을 속여 빼앗은 일이 있다면 네 배를 갚겠나이다."

그의 회개는 관념적 회개가 아니라 내면의 회개요, 실질적인 회개라는 뜻이다. 질문이 당연히 일어나야 한다.

'이 삭개오 안에서 무슨 일이 일어난 것인가?'

세리 삭개오가 해방된 것이다. 자기가 의지하고 안전판으로 여기며 능력의 원천이라고 생각했던 물질의 힘에서 놓임 받은 것이다. 물질이 없으면 절대로 안전하게 살 수 없다고 생각해 그것을 기대하고 갈구하며 추구해 왔는데, 이제는 손에서 놓아 버려도 괜찮은 사람이 된 것이다. 예수님의 사랑으로 가슴이 채워지니 물질에 대한 집착에서 놓임 받게 된 것이다. 내적 자유가 찾아온 것이다. 해방을 얻은 것이다. 예수님을 처음 대할 때부터 그분은 무엇인가 다른 이들과 달랐다.

"예수께서 그곳에 이르사 쳐다보시고"(눅 19:5).

그분의 눈빛과 자신의 눈빛이 부딪혔다. 그 눈빛은 여태까지 한 번도 경험해 보지 못한 것이었다. 누구도 자기에게 그런 눈빛을 준 적이 없었다. '태초에 시선이 있으니라'의 바로 그 시선이었다. 나를 사랑하시는 시선, 나의 모든 것을 알고 계시는 시선, 아무에게도 드러내 보이지 않고 내면에 꽁꽁 싸매어 두었던 외로움, 쓸쓸함, 연약함을 알고 계시는 시선이었다.

나도 가끔 나의 이야기를 하는 경우가 있다. 많은 경우는 목회자가 가진 인간적인 연약함들을 오픈한다. 예전 설교론에서는 절대 그런 것을 오픈해서는 안 된다고 했다. 설교자의 권위를 떨어뜨린다고 보았다. 그런데 현대 교회 설교론에서는 조금 달라졌다. 설교는 위에서 아래로 찍어 누르는 것이 아니라, 성도들의 눈높이에서부터 함께 하나님께로 말씀을 모아 가는 것이라고 본다. 그런데 고전적 설교론을 가진 사람의 입장에서는 목회자가 자신의 약점을 오픈하는 것을 별로 덕스럽거나 은혜롭지 않다고 본다.

포항에 있을 때 나를 아주 사랑하는 장로님 한 분이 이런 말씀을 하셨다.

"목사님, 자꾸 속에 있는 부분들을 말씀하시니 목사님의 권위가 떨어지는 것 같습니다."

인간이 자기 속에 있는 약한 것을 드러내면 그 사람이 그런 사람으로 보이게 된다는 것이었다. 세리는 자신을 이렇게 보았다. 그런데 주님은 우리를 그렇게 보지 않으신다. 그 속에 있는 것을 아신다. 우리가 숨기려 해도 숨길 수 없다는 것을 알지 않는가? 목사도 하나님의 종이면서 깨지기 쉬운 인간이다. 목사가 하나님의 말씀을 전하는 것은 목사가 누구보다 경건하고, 거룩하고, 온전하기 때문이 아니다. 부족한 죄인이지만 당신의 소리통으로 쓰려고 택하셨기 때문에 전하는 것이지, 목사가 가지고 있는 거룩함이 그 말씀을 거룩하게 만드는 것이 아니다. 물론 목사 자신이 끊임없이 신실하려 하고, 하나님 앞에서 진지하게 자기 자신을 세워 나가야 하는 것은 굉장히 중요한 부분이지만, 이 부분이 선결 조건은 아니다. 오히려 자기를 오픈하는 가운데 자신의 연약한 데에서 하나님의 더 강한 것이 드러나는 역사가 일어나는 것이다. 아직 삭개오는 그 부분을 모른다. 그래서 꽁꽁 싸매어 살아가고 있었는데, 주님은 그것을 아신다. 그래서 그 입에서 말씀이 떨어진 것이다.

"내가 오늘 네 집에 유하여야 하겠다"(눅 19:5).

이때 누구의 집에 유한다는 의미는 친구가 되어 주겠다는 뜻이다. 예수님 같은 분이 자기처럼 배척받고 손가락질당하는 사람과 친구가 되어 주시겠다는 것이다.

'저분은 나를 수용해 주시는구나. 저분은 나를 있는 그대로 받아 주고 계시는구나. 내가 있는 지금의 이 자리에서부터 나와 시작하기를 원하시는구나.'

무엇보다 함께 식사하고 대화하는데 당연히 이 메시아의 따스하고 포근한 현존감이 삭개오와 집안 전체를 다 덮지 않았겠는가? 그는 이분이 자신을 인격적으로 대하며 사랑해 주신다는 것을 이때 알게 된다.

'이분이 나를 지금 사랑해 주시고 있구나.'

이를 알게 되었을 때 이때까지 자기를 묶고 있던 모든 것에서 자유해지는 놀라운 역사가 시작된다. 그래서 고백하는 것이다.

"내 소유의 절반을 가난한 자들에게 나눠 주겠나이다."

메시아의 힘이다! 메시아가 보여 주신 사랑의 힘이다.

그리스도께서 우리에게 오실 때는 사랑으로 오신다. 그리스도께서 오셔서 우리를 만난 것이다. "나 예수님 만났어. 그분을 인격적으로 영접했어"라는 말은 주님의 사랑을 그날 영접했다는 것이다. 이 주님의 사랑을 영접했기에 변화되고 죄에서 놓임 받는 것이다. 그리스도께서 보여 주신 사랑에 그날 부딪힌 것이다.

✦ 죄인을 변화시키는 하나님의 사랑

'하나님은 사랑이시다'라는 말이 무슨 뜻이겠는가? 하나님의 존재 자체가 사랑이라는 뜻이다. 표현이 적절하지 않을 수 있지만, 이를 알기 쉽게 표현하면 하나님 당신이 완전히 사랑 덩어리시라는 것이다. 하나님을 만났다면 하나님의 사랑에 온몸과 영으로 부딪히게 된다. 그래서 그분 앞에 노출되면 그분의 사랑에 완전히 감전되는 것이다. 이 말은 그리스도인 안에서 굉장한 도전으로 다가와야 한다. 우리가 교회에서 주님을 만난다고 할 때, 우리가 예수님을 믿고 세례를 받을 때 그리고 세례를 받고 난 후에도 그런 것을 잘 느끼지 못하곤 하는데, 이는 본래 초대 교회, 특히 예수 그리스도께서 살아 계시며 부활하셨을 때 그분을 만났던 초대 교회 성도들이 경험했던 그 사랑을 현대 교회가 놓쳐 버리고 있음을 반증하는 것이다. 이 사랑은 인간적인 사랑이 아니라 신적 사랑이다. 순간의 감정적 사랑과는 다르다. 이 사랑에 노출되면 우리는 당연히 이 사랑에 완전히 전율한다. 너무 기쁘고, 행복하고, 감격스럽다. 너무 기뻐서 팔짝팔짝 뛰게 된다. 그리고 이 사랑이 우리로 하여금 그동안 소중하게 여겼던 것을 기쁨으로 내려놓게 만든다. 삭개오에게 이런 일이 일어난 것이다.

어떤 사람이 마약에 빠져 있다면 그것은 그냥 중독이 아니라 그것을 사랑하는 것이다. 악착같이 돈을 벌려 한다면 돈을 사랑하고 있는 것이다. 명예와 권력을 추구하며 지금까지 내달려 왔다면 그는 그것을 사랑하고 있는 것이다. 사랑하기에 놓을 수 없고, 떠나보낼 수 없는 것이다. 그런데 이때까지 했던 사랑과는 비교할 수 없는 더 엄청난 사랑이 자기 심령에 부딪혀 온다. 하나님의 은총이고 은혜다. 그러면 이 사람은 자신이 여태까지 좋아하고 사랑해 왔던 것들을 내려놓을 수 있게 된다. 더 큰 사랑이 그가 했던 더 작은 사랑을 상대화하고 내려놓게 만든 것이다. 이를 성경은 '자유하게 되었다, 해방되었다'고 말씀한다.

어거스틴이 이 부분에 대해 왜 이런 일이 일어나는지를 더 설명했다. 어거스틴은 기독교 사상의 대 저수지라 여겨지는 인물이다. 2천 년의 기독교 사상은 그에게서 원류가 왔다고 일컬어지는 위대한 신학자요, 신앙인이다. 이 어거스틴이 펠라기우스(Pelagius)와 논쟁을 하면서 말한다. "왜 은총으로만 구원이 가능한가? 그리고 왜 행위가 아니라 은총으로만 충분한 것인가? 왜 굳이 행위를 덧붙이지 않아도 되는 것인가?"라는 질문에 어거스틴이 이렇게 말했다.

"은총은 인간이 여태까지 한 번도 누려 보지 못했던 희락을 갖고 온다."

성령의 열매는 사랑과 희락이다. 사랑은 항상 희락을 동반한다. 그러니 이 은총은 우리가 이때까지 한 번도 경험해 보지 못한 희열과 기쁨을 가져온다. 그리고 엄청난 기쁨이 우리로 하여금 여태까지 사랑한 모든 것을 내려놓게 한다. 왜 그것을 그렇게 사랑하는가? 그 사랑에 기쁨이 있기 때문이다.

마약이 안 좋은 것을 안다. 하지만 내려놓을 수 없다. 마약은 짧은 시간이지만 기쁨을 주기 때문이다. 그리고 그 기쁨의 기억이 안에 내장되어 있다가 이게 필요할 때 안에서 역사를 일으킨다. 그것을 또 하고 싶다는 마음을 잡아 오는 것이다. 그러니 이 사슬은 자기 안에서 절대 끊어 낼 수 없다. 죄의 모든 힘이 이와 같다. 그렇기에 이 힘에서 놓임 받는 유일한 길은 밖으로부터 와야 한다. 그것이 하나님의 은총이다. 이 하나님의 은총이 그분의 사랑과 함께 물밀듯이 밀고 들어오면, 그 사랑 안에는 이때까지 누려 보지 못한 모든 희락보다 훨씬 큰 희락이 있어, 이것이 파도처럼 우리 영혼에 엄습해 내려온다. 당연히 지금까지 가졌던 희락은 사소하고, 보잘것없고, 하찮고, 별것 아닌 것이 되기 시작한다. 아주 신비스러운 대목이다. 그런데 이 기독교 복음이 어느 순간부터인가 위대한 교부가 보았던 복음의 핵심을 놓쳐 버렸다. 복음은 한 인간을 자유롭게 하고 해방시켜 준다.

"그리스도께서 우리를 자유롭게 하려고 자유를 주셨으니 그러므로 굳건하게 서서 다시는 종의 멍에를 메지 말라"(갈 5:1).

복음이 진짜 우리 심령에 부딪혀 오면, 이 복음은 우리 안의 모든 악한 힘을 무력화시켜 버린다. 자기(에고)를 넘어서게 하고, 자기 죄를 자복하게 한다. 우리가 예수 믿기 전에 가진 내적 심리적 증세와 상처를 회복시켜 준다. 온갖 잘못된 열망에서 놓임 받기 시작한다. 육신의 정욕과 안목의 정욕과 이생의 자랑, 돈을 좇고 쾌락과 명예와 힘을 추구하는 현대인들이 우상처럼 몰고 가는 모든 힘을 다 분쇄해 버리는 힘이 복음 안에 있다. 그리고 더 아름답고 더 고상한 가치를 이제부터 추구하며 살게 해 준다. 하나님의 사랑의 속성이 이 모든 것을 가능하게 해 준다.

그런데 한국 교회 안에서는 언제부터인가 이 놀랍고 행복한 일이 잘 일어나지 않는다. 복음이 어느 순간부터 죄 용서의 복음으로 국한되고, 죄 관리의 복음이 되어 버렸기 때문이다. 죄를 잘 제어해서 안전하게 살다가 천국 가는 복음이 되어 버렸다. 하나님을 처음 만날 때도 심판장으로 만날 뿐, 사랑의 하나님으로 만나지 않는다. 태초에 있었던 시선, 곧 삭개오가 본 따뜻하고 뜨거우며 깊은 사랑의 눈빛을 보지 못한다.

예수 그리스도를 다시 만나기를 소망하라. 예수 그리스도께서 삭개오를 만났을 때 보여 주셨던 뜨거운 눈빛, 주님의 현존감과 새롭게 부딪히게 되기를 소망하라. 우리 안에 여전히 남은 죄의 영향력들로부터 자유로워지는 다른 길은 없다. 예수님이 우리를 두 번째로 찾아와 주시는 은혜밖에는 없다. 주님께서 찾아와 그 사랑이 우리를 놓임 받게 하고 자유하게 해 주시기를 기도하라. 자기 안에서 내적인 모순을 경험하며 그 안에 잘 떨쳐지지 않는 가시와 쓴 뿌리가 여전히 있다는 것을 반복해서 목격하는 사람은 하나님이 이 부분을 붙들고 씨름할 용기와 믿음을 이미 주셨음을 굳게 믿으라. 그리고 새 생명 붙들고 다시 일어서는 그리스도인이 되게 해 달라고 기도할 수 있게 되기를 바란다.

나눔과 적용

1. 로마서 7장 21-23절의 바울의 고백처럼 당신 안에 있는 두 마음으로 인해 괴로웠던 적이 있는가? 그때 당신은 어떤 마음을 따라 행했는가?

2. 삭개오와 같이 당신을 얽매고 있던 죄의 영향력에서 벗어나 완전히 해방된 경험이 있다면 이야기해 보자.

3. 여전히 당신의 발목을 붙잡는 죄가 있다면 무엇인가? 그것을 해결하기 위해 필요한 구체적인 계획을 세우고 하나씩, 하나씩 실천해 보자.

"내가 율법이나 선지자를 폐하러 온 줄로 생각하지 말라 폐하러 온 것이 아니요 완전하게 하려 함이라"(마 5:17).

12. 사랑,
이렇게 해서 율법을 이룬다

✦ "네가 나를 사랑하느냐"

우리는 예수님께서 만난 베드로의 이야기로 첫 번째 장을 시작했다.

> "데리고 예수께로 오니 예수께서 보시고 이르시되 네가 요한의 아들 시몬이니 장차 게바라 하리라 하시니라 (게바는 번역하면 베드로라)"(요 1:42).

처음 예수님을 만났을 때 시몬은 원석 같은 사람이었다. 정제되지 않은 채 온갖 것이 섞여 있는 존재였다. 그런데 예수님이 이런 원석 같은 시몬을 깎고, 다듬고, 조이고, 채워서 정금 같은 믿음의 사람으로 만들어 가셨다.

예수님은 부활하여 고기 잡는 이 제자를 찾아 나서셨다. 3년 전에 시몬은 모든 것을 버려두고 예수님 좇았는데, 3년이 지난 지금은 자기가 출발한 그 자리로 다시 돌아와 있다. 베드로 안에 무슨 일이 일어났을까? 표면적으로 보면 그가 3년 전 이 바다에서 예수님을 따라 나섰을 때와 별반 다르지 않은 원점으로 와 있다. 그는 예수님을 따르다 실패했고, 결정적인 순간에 주님을 배반하고 도망쳤다. 그리고 주님을 따르겠다고 버리고 갔던 그 그물을 다시 손에 쥐었다. 3년 동안 공들여 좇던 모든 것이 허사가 되어 버린 것 같은 느낌이었을 것이다. 그 자리에 주님이 다시 찾아오셨다. 그리고 베드로에게 사명을 주신다. 사명 받을 준비가 되었는지 확인하기 위해 딱 하나를 물으신다.

"네가 나를 사랑하느냐?"

베드로는 예수님을 따르다가 실족한 사람이다. 패배 의식도 있고, 자책감이나 정죄 의식도 굉장히 클 것이다. 그런데 주님은 이것을 다 만진 후에 사명을 주시는 것이 아니라 오직 하나만 물으신다.

"요한의 아들 시몬아, 네가 나를 사랑하느냐?"

베드로는 지금으로 치면 목회자이자 사제이며, 하나님과 그분의 나라에 대해 자기 인생을 걸고 목양을 해야 하는 사람이다. 그의 지난 일들을 모두 넘어가 주신다 할지라도, 목회를 위해서는 많은 준비가 되어야 하고 소양이 필요하다. 설교도 탄탄해야 하고, 심방도 잘해야 하고, 행정력도 있어야 하며, 목회 감각이나 위기관리 능력도 습득해야 하는 등 수많은 전문적 소양이 필요하다. 그런데 주님이 이런 것들은 하나도 묻지 않고 당신을 사랑하는지만 물으시는 것이다. 왜 그러셨을까? 결론부터 말하면, 이것 하나로 충분하기 때문이다. 주님을 사랑하는 것 하나로 사명을 감당하기에 충분하기 때문이다. 비록 준비가 덜 되었다 할지라도 그가 하나님을 사랑하고 있다면, 사명을 감당하면서 그 부족한 것들은 기꺼이 다 메워 갈 것이다.

"네가 나를 사랑하느냐?"

사실 이것은 당시 베드로의 상황에서 보면 굉장히 위험한 질문이다. "주님, 솔직히 저 주님을 사랑하지 않습니다. 저는 넘어지고 실패한 자입니다. 그런데 어떻게 제가 주님을 사랑할 수 있겠습니까?" 하는 답이 나올 수도 있다. 그럼에도 주님은 물으신다. 왜 이렇게 물으실까? 당신의 제자를 신뢰하시기 때문이다. 주님은 아신다. 3년 전에 베드로를 보고 그 속에 무엇이 있는지를 아셨듯이, 3년이 지난 후 디베랴 바닷가에 있는 제자 속에 무엇이 있는지를 아신다. 당신의 제자 안에 새로운 씨앗(new seed)이 이미 뿌려져 자라 가고 있다는 것을 아신다. 세상 사람에게는 없는 이 생명의 씨앗, 하나님을 사랑하는 씨앗이 뿌려져 자라 가고 있다는 것을 아신다. 표면적으로는 넘어진 사람이지만, 제자 안에 있는 이 씨앗을 보고 다시 찾아오시고, 그것이 싹이 트고 있다는 것을 알기에 당신의 양을 맡기신다. 3년간 예수님을 따르며 베드로는 반복해서 넘어졌다. 그는 겉으로는 따랐지만, 속으로는 끊임없이 다른 생각을 했다. 자신의 한계를 깨닫지 못하고 "죽기까지 따르겠다"고 단언했다가 결국 스스로 그 말을 삼켜 버렸다. 그런데 예수님은 끊임없이 품으며 한결같이 사랑해 주셨다. 하지만 결국은 예수님의 예언처럼 결정적 순간에 주님을 배반했다. 그는 그때 주님이 하신 말씀이 생각났을 것이다.

"예수께서 이르시되 내가 진실로 네게 이르노니 오늘 밤 닭 울기 전에 네가 세 번 나를 부인하리라"(마 26:34).

"그러나 내가 너를 위하여 네 믿음이 떨어지지 않기를 기도하였노니 너는 돌이킨 후에 네 형제를 굳게 하라"(눅 22:32).

베드로는 그때 깨닫는다.
'우리 주님이 다 알고 계셨구나. 내가 어떻게 될 것을 아셨구

210

나. 그래서 내가 실족하지 않도록 미리 기도해 놓으셨구나!'

얼마나 통곡했을까? 주님이 자신을 얼마나 사랑하시는지를 알게 되어 통곡한 것이고, 그러한 주님을 끝까지 따라가지 못하고 육신의 한계 때문에 두려워 도망한 것이 부끄러워서 또 통곡했을 것이다. 그리고 모든 것을 비우고 낙향하는 마음으로 원래 자리로 돌아온 자기를 찾아와 품어 주시는 사랑이 너무나 뜨겁고 깊고 감동이 되어서 통곡했을 것이다. 이제는 이분을 사랑하게 되지 않을 수 없다. 그것을 주님은 다 보면서 물으시는 것이다.

"요한의 아들 시몬아 네가 나를 사랑하느냐"(요 21:17상).

베드로는 부끄러워하면서 자신 없이 말한다.

"베드로가 근심하여 이르되 주님 모든 것을 아시오매 내가 주님을 사랑하는 줄을 주님께서 아시나이다"(요 21:17하).

베드로는 자신의 사랑이 온전하지 않다는 것을 안다. 주님은 '아가페'로 물으셨지만 아무리 생각해도 그는 '필레오'로밖에 대답하지 못한다. 그는 자기의 바닥을 보았기 때문에 자

211

신의 사랑은 앞으로도 끊임없이 깨지고 쪼개지며 좌절할 것이고, 때로는 무력화될 수 있다는 것을 안다. 그러므로 절대로 주님을 온전히 사랑한다고 말할 수 없다. 하지만 그럼에도 불구하고 부정할 수 없는 확실한 사실은, 자신이 주님을 사랑한다는 것이다.

✦ 나의 유익이 아닌 주님의 유익을 위해

우리는 신앙에서 자기 안에 있는 영적 물줄기의 큰 흐름을 볼 수 있어야 한다. 작은 물줄기의 흐름에 집중하면 우리는 끊임없이 일희일비할 수밖에 없다. 어떤 경우에는 자신의 믿음이 세상을 얻은 믿음 같고, 주님을 사랑하기 때문에 저 하늘의 별도 따러 나설 수 있는 믿음 같지만, 또 어떤 경우에 보면 지극히 작은 것 하나 때문에 안절부절못하고 염려하며 두려워한다. 그런데 큰 영적인 흐름 속에서 보면 하나님은 우리를 조금씩, 조금씩 더 당신을 사랑하는 방향으로 이끌어 가고 계시고, 우리는 그 부분에 부족하지만 계속 반응해 나간다. 어떤 것이 더 깊은 것일까?

신앙의 초보자일 때는 전반부에 있는 것이 더 깊었다. 그런데 믿음의 세월이 깊어지면서 큰 물줄기 속에서 주님을 향한 마음을 보니 훨씬 더 깊고 도도하며, 더 강력하고, 더 끈질기고, 더 신실하다. 베드로는 지금 자기 안의 큰 영적 흐름을 보면서 답을 하는 것이요, 주님도 그것을 보면서 물으시는 것이다. 주님이 보실 때는 그것 하나면 충분하다. 베드로의 믿음과 사랑은 앞으로도 때로는 깨지고 넘어질 것이다. 하지만 여태까지는 자기(에고)를 사랑하기 때문에 일해 왔다면, 이제는 주님을 사랑하는 마음으로 주님의 일을 할 것이기에 그것으로 충분하다고 여기시는 것이다. 이렇게 고린도전서 13장에 나오는 사랑의 덕목이 한 사람 안에서 하나씩, 하나씩 실현되어 간다.

사랑은 자기의 유익을 구하지 않는다. 하나님을 사랑하면서 일하기 때문이다. 많은 경우 처음에는 하나님을 위해 일한다고 하면서 자기 자신의 명예와 만족감을 위해서 사역한다. 그러나 하나님을 점점 알아 가고 사랑하게 되면서 주님을 위해서 일하는 사람으로 바뀌어 간다. 더 이상 자기의 유익을 위해 일하지 않게 된다.

안식년에 주님의 은혜를 깊이 체험하고 나서 한 가지 내적 현상이 찾아왔다. 생에서 무엇인가를 이루고 싶다는 열망이 없어졌다. 목사는 명예욕이 없을 것이라 생각할 수 있지만, 목사에게도 명예욕이 있다. 목사로서 자기 이름을 내고 싶은 마음이 있을 수 있다. 인기를 좇는 부분도 있을 수 있고, 존경받고 싶은 마음도 있을 수 있다. 돈에 대한 욕심은 이미 목회자로서 인생을 걸 때 다 내려놓았지만, 그것에 대한 반대급부로 다른 욕구나 열망들이 내 안에 내장되어 있을 수 있다. 그리고 이 열망들과 하나님 사랑이 같이 얽혀서 사역을 몰고 가는 추진력이 될 수 있다. 주님은 그것들도 다 사용하신다. 그런데 주님이 어떻게 나를 사랑하시는지를 새롭게 가슴에 부딪혀 알게 되고 이것으로 만족하게 되니 무엇을 이루고 싶다는 마음도, 무엇이 되어야겠다는 마음도 없어졌다.

나중에 기도하는 중에 주님이 나의 마음을 비추어 보여 주셨는데, 가느다란 실뿌리 같은 것이 보였다. 이전에는 실뿌리에 온갖 종류의 흙이 묻어 있었다. 그 실뿌리에 묻은 엉켜 있는 잔뿌리들을 걷어 내고 보니 그 뿌리는 생각했던 것보다 가냘팠다. '이것으로 무슨 일을 할 수 있을까' 생각할 정도로 보잘것없어 보였다. 그런데 가느다란 실뿌리 같지만, 주님이 보실 때는 그 순전한 것 하나로 충분하다는 것이다. 베드로의 "내가 주님을 사랑합니다"라고 고백하는 마음이 바로 이런 마음이고, 주님이 보실 때는 이 하나로 충분하다. 고린도전서 13장에 나오는 사랑의 덕목을 다 이루어 갈 수 있다.

그는 '자기 유익을 구하지 않는다'. 하나님을 사랑함으로 일하기 때문이다. '오래 참고 견뎌 낸다.' 주님이 뜻하신 일은 단번에 이루어지는 것이 아니기 때문이다. 처음에는 거칠었던 사람인데 점점 '온유해진다'. 성내면서 일할 이유가 없고, 화 내면서 무엇인가를 이룰 이유가 없다. 그는 집착이나 자기 야망 으로 일하는 것이 아니라, 주님을 사랑하기에 일하기 때문이다. '자랑하지 않는다.' 자기를 굳이 드러내지 않아도 충분하다. 자 신이 사랑받고 있음을 알고 있으며, 누군가를 사랑하기에 참된 만족감이 있기 때문이다. '무례히 행하지 않는다.' 하나님을 사 랑하기에 그분이 사랑하시는 당신의 백성에게 상처를 주면 안 된다고 여기기 때문이다. '악한 것을 생각하지 아니하며, 불의 를 기뻐하지 아니하고, 진리와 함께 기뻐한다'(고전 13:5-6). 하 나님 나라가 이 땅에 이루어지는 것이 자신이 사랑하는 주님 의 소망인 것을 알기 때문이다. 그래서 악한 것은 버리고, 불 의에 기웃거리지 않는다. 그분의 나라와 그분의 의를 신실히 좇고자 한다. 먹을 것과 입을 것을 구하지 않아도 나를 사랑하 시는 하나님이 채우실 것을 알기 때문이다. 그는 이제 하나님 때문에 '모든 것을 참으며 모든 것을 믿으며 모든 것을 바라며 모든 것을 견딘다'(고전 13:7). 이제는 모든 것을 하나님 때문에, 주님을 진심으로 사랑하기 때문에 참고 견딘다. 이렇게 이 사 람의 마음 밭 안에 율법의 모든 것을 이룰 수 있는 토대가 갖 춰진다. 주님은 말씀하셨다.

"내가 율법이나 선지자를 폐하러 온 줄로 생각하지 말라 폐하러 온 것이 아니요 완전하게 하려 함이라"(마 5:17).

원어의 뜻으로 보면 '완전하게 하다'는 '성취하려 하다'라고 나온다. 하나님을 사랑하는 마음 하나로 율법을 성취하기에 충분하다는 것이다. 하나님 사랑만 추구하며 길을 나섰는데, 이것 하나만 추구하며 인생의 믿음의 여행을 새롭게 장전했는데, 어느 순간 보니 사랑 장인 고린도전서 13장에서 말하는 모든 것이 이루어지고 있고, 내가 율법의 요구를 신실하게 좇아가고 있는 것이다. 그렇지 않은가? 하나님을 사랑하는데 어떻게 안식일에 다른 곳에 먼저 가 있을 수 있겠는가? 하나님을 사랑하는데 어떻게 하나님 대신 우상을 섬길 수 있겠는가? 하나님을 사랑하는데 어떻게 하나님의 이름을 망령되게 언급할 수 있겠는가? 하나님을 사랑하는데 그분이 죽기까지 사랑하시는 사람을 어떻게 살인하고 거짓 증거하며 악의적으로 속일 수 있겠는가? 하나님을 사랑한다는 사람이 어떻게 이웃의 것을 빼앗아 그를 빈곤하게 만들고 이웃의 아내를 취할 수 있겠는가? 우리 안에 생긴 거룩한 양심이 허락하지 않는다. 사랑은 이렇게 해서 우리 안의 율법의 요구를 온전히 그리고 자유함으로 이룬다.

나눔과 적용

1. 예수님께서 "네가 나를 사랑하느냐" 물으신다면 당신은 어떻게 대답하겠는가? 이 시간 진실한 마음으로 고백해 보자.

2. 당신은 주님이 아닌 당신 자신의 유익을 위해 하나님의 일을 한 적이 있는가? 그때 당신의 신앙은 어땠는가?

3. 고린도전서 13장을 필사한 후 그러한 사랑의 사람이 될 것을 다짐하며 기도하자.

신인류의 삶 - "하·사·람으로 살라!"

"너희는 말세에 나타내기로 예비하신 구원을 얻기 위하여 믿음으로 말미암아 하나님의 능력으로 보호하심을 받았느니라"(벧전 1:5).

우리는 보통 자기를 크게 여기거나 스스로를 높이고 이미 모든 것을 다 아는 것처럼 생각하고 행동하는 사람을 보면 '그는 교만한 사람'이라고 말한다. 반대로 자기를 낮추고 자기를 작게 여기며 자신은 별로 아는 것이 없다고 생각하는 사람을 보면 '그는 겸손한 사람'이라고 말한다. 정말 그럴까?

민수기 13장에 보면 열두 명의 정탐꾼 이야기가 나온다. 애굽을 나온 이스라엘 백성이 광야에서 40일을 지내고 이제 가나안 땅으로 들어갈 수 있게 되었다. 이에 그 땅의 지형은 어떤지, 사는 사람들은 어떤지 하나님이 미리 정탐꾼을 보내어 파악하게 하셨다. 각 지파에서 한 명씩 열두 명을 뽑고 그 땅을 정탐했는데, 갔다 온 사람들이 말한다.

> "우리는 능히 올라가서 그 백성을 치지 못하리라 그들은 우리보다 강하니라 … 거기서 본 모든 백성은 신장이 장대한 자들이며 … 우리는 스스로 보기에도 메뚜기 같으니 그들이 보기에도 그와 같았을 것이니라"(민 13:31-33).

이 대목만 두고 본다면 열 명의 정탐꾼은 자신들을 작게 여기고, 낮추고, 자신들을 보잘것없고 하찮은 존재라고 생각하는 것 같다. 우리가 말하는 '겸손'에 가깝다. 반면에 갈렙과 여호수아는 이렇게 말한다.

> "그들은 우리의 먹이라 그들의 보호자는 그들에게서 떠났고"(민 14:9).

이들은 다른 사람들을 자신들의 밥이라고 하대하며 자기들을 크게 여기고, 스스로를 다른 이들보다 높이고, 이미 이 싸움은 자신들이 승리한 싸움이라고 자만하는 듯이 보인다. 그런데 하나님은 오히려 다르게 생각하신다.

"이 백성이 어느 때까지 나를 멸시하겠느냐"(민 14:11).

열 명의 정탐꾼은 겸손한 것이 아니라 하나님을 멸시한 것이라고 말씀하신다. 하나님은 당신을 믿지 않았다고 엄히 꾸짖고는 이들로 광야에서 40년을 유리하고 방황하다가 거기서 인생을 마무리하게 하신다. 반면에 갈렙과 여호수아는 교만해서 자신들을 높인 것 같아 보이는데 오히려 하나님을 신뢰한 겸손한 사람들이라고 칭찬하신다.

무엇을 말하는가? 겸손과 교만을 가르는 것은 그 사람의 절대적인 태도가 아니라는 것이다. 자기 자신을 있는 그대로 보지 못하는 것이 교만이다. 자기 자신을 실제보다 크게 보는 것도 교만이요, 실제보다 작게 여기는 것도 교만이다. 둘 다 에고의 작동 메커니즘의 결과물이다. 오리가 자신을 독수리라고 생각하는 것도 교만이고, 독수리가 자신을 오리라고 생각하는 것도 교만이다. '나는 커', '나는 위대해', '나는 잘될 거야'라고 막연히 자아 팽창적 사고를 하는 것도 교만이지만, '나는 메뚜기같이 작아', '나는 보잘것없어', '나는 잘 안 될 거야'라고 자아 위축적 사고를 하는 것도 교만이다. 어떤 사람은 그것이 겸손이고 겸비라고 생각할지 모르지만, 절대로 그렇지 않다. 겸손과 교만을 가르는 것은 자기가 스스로를 평가하는 것이 아니다. '하나님이 그 인생을 어떻게 보시는가'이다. 하나님은 우리를 귀하고, 아름답고, 사랑스럽게 보시는데, 우리는 세상에 살면서 긁히고, 시달리고, 위축되어서 스스로를 '작다', '보잘것없다', '초라하다'고 생각하면 그것이 바로 '교만'이다. 하나님의 눈으로 자기를 보지 못하는 것이 교만이라는 말이다. 이런 면에서 모든 열등감은 교만의 다른 얼굴이다. 반대로 모든 교만은 열등감의 다른 얼굴이다. 자기를 있는 그대로 보기를 거부하고 하나님이 보여 주시는 모습을 수용하려고 하지 않기 때문이다.

하나님이 보시는 안목으로 자신을 보는 것이 믿음이다! 하나님이 보시는 안목으로 세상을 보는 것이 믿음이다! 하나님은 우리 한 사람, 한 사람을 어떻게 보실까? 에베소서 1장에서 바울이 에베소 교인들을 위해 늘 기도하는 내용 중에 이런 부분이 있다.

"너희 마음의 눈을 밝히사[너희의 영안이 열려/너희 안목이 회심하여]

그의 부르심의 소망이 무엇이며 성도 안에서 그 기업의 영광
의 풍성함이 무엇이며 그의 힘의 위력으로 역사하심을 따라
믿는 우리에게 베푸신 능력의 지극히 크심이 어떠한 것을 너
희로 알게 하시기를 구하노라"(엡 1:18-19).

간단히 말하면, 성도가 얼마나 풍성한 영광을 얻도록 이 땅
의 삶에 초대받았는지, 하나님의 능력의 크심이 얼마나 위대
한지, 이에 따라 우리를 부르신 부르심의 소망이 얼마나 숭고
하고 아름다운지를 알기를 원한다는 말이다. 베드로전서 1장
5절도 같은 맥락이다.

"너희는 … 믿음으로 말미암아 하나님의 능력으로 보호하심
을 받았느니라."

그리스도인은 누구인가? 하나님의 능력으로 보호하심을
받는 자들이다! 그들은 하나님의 사랑받는 사람이기 때문이
다. 하나님이 자녀로 택하고 이 땅에 보내어 당신의 나라와 영
광을 위해 살아가도록 부르셨기에 이 삶을 살아갈 수 있도록
그분의 능력의 보호하심을 입은 자들이다!

그런데 우리는 사회가 주는 반복된 신호에 속는다. "너는 하잘것없어", "초라해", "쓸모없어", "너는 경쟁 사회에서 낙오자야"라는 말에 속아서 자신이 얼마나 존귀한 자인지도 잊고, 왕 같은 제사장인 것도 모르고 오리 떼처럼 살아간다. 이렇게 하나님이 보시는 시선으로 자신을 보지 못하는 것이 바로 교만이다. 하나님이 사랑하시는 자신과 자신의 생을 진정 사랑한다면, 그는 자신을 위해서 이 교만을 회개해야 한다.

하나님의 능력으로 보호받고 있다는 것도 모른 채 그저 먹고살기 위해서 인생을 허비하며 소소한 행복에 목숨을 거는 지금 우리 사회는 인간을 보잘것없이 만드는 사회가 되어 버렸다. 현대 사회심리학의 거장 에리히 프롬(Erich Pinchas Fromm)은 이를 건전한 사회(sane society)와 대조하여 독성 사회(toxic society)라 했다. 우리 세대가 청년일 때만 해도 그 시절에는 꿈을 꾸었다. 더 좋은 사회를 만드는 꿈, 성공해서 잘 사는 꿈, 무엇인가 더욱 가치 있는 것을 추구할 수 있는 꿈 말이다. 그런데 지금 청년들에게는 그런 꿈이 없다. 기성세대가 이런 꿈을 가질 수 없는 세상을 물려 주었기 때문이다. 청년들이 결혼을 하거나 아기를 낳을 수 있다는 계산이 나오지 않는 세상, 집을 사는 것은 꿈도 꾸지 못하니 주말이 되면 어디에

맛있는 것이 있는지 찾아다니며 소확행을 즐길 수밖에 없는 세상 말이다. 소확행이 나쁘다는 말이 아니다. 작은 행복도 엄청나게 중요하지만, 그 작은 행복을 유일하게 생각하며 더 크고 아름답고 위대한 삶을 꿈꾸기를 포기하게 되는 것은 아픈 일이다.

그럼에도 앞 세대로서의 부끄러움을 무릅쓰고 도전하고 싶다. 독성 사회에 속지 말자! 세상은 우리가 스스로를 메뚜기처럼 여기게 해서 아예 도전하지 못하게 한다. 그러나 그리스도인은 그렇게 살도록 이 땅에 초대받지 않았다. 누가 뭐라 해도 우리는 전능하신 하나님께 사랑받는 자다. 우리 인생은 우리가 생각하는 것보다 훨씬 안전하다.

"하나님의 능력으로 보호하심을 받았느니라"(벧전 1:5).

우리는 하나님께 보호받으며 살기 때문이다. 그렇기에 안심하고 도전할 수 있다.

안식년 동안 지난 6년을 반추해 보는 시간을 갖게 되었다. 한 대목, 한 대목 돌아보니 정말 험한 세월들을 헤쳐 왔다. 앞에서 말했듯이 부임한 지 1년도 채 되지 않아서 간단한 시술을 하러 수술실에 들어갔다가 사경을 헤매는 지경까지 가게 되는 등 수많은 고비를 넘어야 했다. 그때마다 하나님이 정말 기가 막힐 웅덩이에서 건져 내셨다. 이런 과정에서 나는 명료히 깨닫게 되었다. '나는 부족하지만 하나님 편에 서서 처신하려고 하면 내 인생은 내가 생각하는 것보다 훨씬 안전하구나! 하나님의 능력으로 보호하심을 입고 있구나!' 하고 말이다.

그런 와중에 앞서 말한 은혜 체험을 하게 되었다. "I trul-ly, trul-ly love you." 하나님이 나를 얼마나 사랑하시는지 더욱 명료히 이 세포 속에 각인시켜 주신 것이다. 그러면서 내 안에 있는 모든 것이 명료하고 확실해졌다. 하나님이 나를 치시지 않는 한 나는 절대로 안전하며, 내가 하나님 편에 서서 그분의 나라와 의를 추구하는 한 나는 그 어떤 박해나 곤고나 위험 속에서도 해를 당하지 않는다는 사실이다. 왜냐하면 나는 하나님의 능력으로 보호하심을 입은 하나님의 사랑받는 자녀이기 때문이다.

이 단순한 인식은 나에게 엄청난 내적 평안을 가져다주었다. 하나님의 뜻을 추구하는 그 자체에 더욱 초점을 명료하게 두게 해 주었다. 외부에서 들리는 이런저런 소문에 대해 좀 더

담대하고 평안한 마음을 갖도록 잡아 주었다.

하나님이 나를 사랑하신다는 사실은 배 끝에서는 담력을 키우고, 그것이 가슴으로 올라오면 내적 평안을 선사한다. 그리고 어디에 있든지 파송 받아 지금 이곳에 서 있다는 파송 의식이 더욱 뚜렷해진다. 하나님의 사랑이 나를 그분께 붙들려 있게 만들기 때문이다.

그렇다면 하나님이 사랑하시면 된 것 아닌가? 세상에 누가 뭐라고 해도 능력 많으신 하나님이 우리를 사랑하시면 그것으로 된 것 아니겠는가? 그렇게 되면 게임 끝이다! 로마서 8장 30-31절을 보라.

"또 미리 정하신 그들을 또한 부르시고 부르신 그들을 또한 의롭다 하시고 의롭다 하신 그들을 또한 영화롭게 하셨느니라 그런즉 이 일에 대하여 우리가 무슨 말 하리요 만일 하나님이 우리를 위하시면 누가 우리를 대적하리요."

우리는 주님이 알고, 정하고, 부르신 자들이다. 그것이 그리스도인이다. 하나님이 사랑하여 택하고 부르신 자들인데 그 하나님이 우리를 위하시면 누가 우리를 대적하겠는가?

"자기 아들을 아끼지 아니하시고 우리 모든 사람을 위하여 내

주신 이가 어찌 그 아들과 함께 모든 것을 우리에게 주시지 아

니하겠느냐"(롬 8:32).

하나님께 사랑받는 우리는 이미 하나님의 능력으로 보호하
심을 받은 자들이므로 두려워하거나 염려할 필요가 없다. 이
것을 알면 우리의 생의 목적은 명료해진다.

"그러므로 염려하여 이르기를 무엇을 먹을까 무엇을 마실까

무엇을 입을까 하지 말라 이는 다 이방인들이 구하는 것이라

너희 하늘 아버지께서 이 모든 것이 너희에게 있어야 할 줄을

아시느니라"(마 6:31-32).

이제는 진정으로 예수님의 명령에 기쁨으로 순종할 수 있다.

"그런즉 너희는 먼저 그의 나라와 그의 의를 구하라 그리하면

이 모든 것을 너희에게 더하시리라"(마 6:33).

주님은 우리가 이렇게 살 수 있도록 이미 판을 다 깔아 놓으

셨다. 성부는 너무나 사랑하여 우리를 철저히 보호하신다. 그래서 우리 안에 죄의 터럭도 역사하지 못하도록, 마귀를 꺾어 부서뜨리도록 예수 그리스도를 보내셨다. 이 예수님이 우리의 모든 죄를 끌어안고 죽으신 후 부활하셨다. 우리 안에는 이제 그 어떤 정죄도 없다. 그리고 예수님이 부활하실 때 세상은 완전히 새롭게 되었다. 새로운 피조 세계가 열렸다. 그 세상으로 우리가 초대받아서 살고 있다. 그것도 부족할까 하여 믿는 사람에게 성령을 보내어 우리 심령 속에서 역사하게 하셨다. 그 성령의 능력을 의지하면서 승리할 수 있게 하신 것이다. 삼겹 호위망이 철저히 쳐져 있다. '하나님의 능력으로 보호하심을 입은 것'이다. 이렇게 하나님이 우리를 위하시는데 누가 우리를 대적할 수 있겠는가? 그런데 왜 오리처럼 계속 살아가려고 하는가? 무엇을 위해 독수리로 비상하려고 하지 않고 세상 사람들처럼 오리로 살아가려고 하는가? 왜 정도(正道)로 가지 않고 살아남겠다고 사도(私道)를 취하고, 마땅히 할 일을 뒤로 빼고 생존을 위해 심지어 도망가기까지 하는가? 무엇을 얻는다고 세상의 방식을 좇는단 말인가?

길에 굶고 앉아서 배를 움켜쥐고 있는 소년을 보면 전에는 호주머니에 만 원밖에 없어서 양심은 '주라' 하지만 내가 먼저 살기 위해 그냥 지나쳤다. 오늘부터는 '하나님께 사랑받는 자요, 하나님의 능력으로 보호하심을 입은 자요, 왕 같은 제사장이요, 거룩한 나라요, 그의 소유 된 백성'이라는 것을 믿고 독수리처럼 당당하게 처신하자. 육신을 이기고 그에게 기꺼이 유일한 만 원 한 장을 건네며 손을 꼭 잡고 하나님이 주신 그 태초부터 있었던 따스하고 정겨운 시선을 보내자. 그런 후에 기꺼이 기쁜 마음으로 물 한 컵 들이켜고 잠을 청하자! 주님이 뭐라 하시겠는가? "잘하였도다, 착하고 충성된 종아! 고맙다! 나는 네가 너무 자랑스럽다! 내가 너를 사랑한다"라고 하실 것이다. 그리고 이 음성에 우리는 감격할 것이다. 아마도 내일 아침에 주님은 예상하지 못한 더욱 큰 선물을 준비해 주실 것이다. 물론 그렇게 하시지 않아도 괜찮다. 우리가 육체의 한계를 뚫고 주님의 나라와 그분의 의에 참여했기에 그것으로 행복하다. 그 만 원을 받은 아이는 오늘부터 세상을 다시 보기 시작할 것이다. 세상이 냉혹하기만 한 줄 알았는데, 돈을 건네면서 보내 준 '누군가는 너를 사랑하고 있어'라는 그 눈빛과 시선으로 아이는 자기 인생을 전혀 새롭게 바라보며 새 희망으로 시작할지 모른다. 때마침 교회에서 울리는 종소리에 이끌리듯이 그 안으로 들어갈지 누가 알겠는가? 이것이 하나님께 사랑받는 사람의 삶이며, 이 삶이 그가 세상에 주는 놀라운 선물이다.

지금까지 읽어 오면서 가슴에 부딪힌 것이 있다면 그리고 당신이 정말 하나님께 사랑받는 자라고 믿는다면, 이 순간부터 어떤 상황에 직면하거나 어떤 결정을 내릴 때 '나는 하나님께 사랑받는 사람이다. 그렇다면 이 순간 어떻게 반응해야 할 것인가? 하나님은 내가 어떻게 반응하기를 원하시는가'라는 기준으로 판단하고 분별하여 반응하기를 제안한다. 이것이 일명 '하 · 사 · 람(하나님 사랑의 사람) 연습'이다.

굶어서 배를 움켜쥐고 적선하는 소년 앞에서 "나는 하나님께 사랑받는 사람이다. 하나님이 나를 위하신다. 그렇다면 나는 이 순간 어떻게 반응할 것인가? 나도 먹어야 하지만, 오늘 한 끼 굶어도 나는 절대로 안전하다. 하나님의 능력으로 보호하심을 받고 있기 때문이다. 그러므로 나는 이 아이를 먹인다!" 하며 결단하는 식이다.

또 한 예로, "누군가 나를 음해했다. 화가 난다. 하지만 나는 하사람이다. 하나님께 사랑받고 있다. 이 음해가 나를 해치거나 넘어뜨리지 못한다. 그러면 나는 어떻게 반응할 것인가? 화내지 않고 부화뇌동하지 않으며 조용히 주님께 기도하는 가운데 마음의 평정을 찾고 하나님 앞에서 내가 할 일을 묵묵히 해낼 것이다"하며 결단하는 것이다.

하나님이 정말 사랑하시는 것이 맞는다면, 그는 엄청난 영적 체험을 이 결심 뒤에 하게 될 것이다. 해가 정말 동쪽에서 뜨는 것이 맞는다면, 새벽 일찍 동해로 달려간 그는 어김없이 일출을 보게 되는 것과 마찬가지다. 하나님이 정말 나를 사랑하시는 것이 맞는다면, 그것을 믿고 반응했을 때 놀라운 하나님의 사랑을 체험하게 될 것이다. 그리고 점점 더 하사람으로 살아가게 될 것이다.

하사람 인식은 명령이 아니라 성령께서 각 사람에게 비춰 보여 주시는 은혜다. 반응도 자유로운 가운데 자발적으로 한다. 그렇기에 억지로나 명령으로나 눈치로 해서는 안 된다. 매일 큐티를 하듯이 매주 하사람 연습을 하나씩 해 보는 것이다. 하나님이 기뻐하며 아마 놀랍게 역사하실 것이다.

"하나님이 우리를 사랑하신다! 우리는 절대로 안전하다! 하나님의 능력의 보호하심을 입고 있기 때문이다. 그러면 우리는 지금 이 순간, 이 상황에서 어떻게 생각하며 어떻게 반응할 것인가? 그리고 어떻게 행동할 것인가?"

이 하사람 연습을 통해 하나님의 은총을 넘치도록 경험하

게 되기를 축복한다. 그리고 이 은혜를 주신 하나님께 영광을
올려 드리기를 바란다.